BENTLEY
4,5 LITER KOMPRESSORWAGEN

Autofolio

BENTLEY
4½ LITRE SUPERCHARGED

MICHAEL HAY

Autofolio

Erstmals veröffentlicht durch Haynes Publishing Group,
Sparkford nr. Yeovil,
Somerset BA 22 7JJ, England
1990.

Titel der Originalausgabe:
The G. T. Foulis Autofolio Collection
Bentley 4 1/2 Litre Supercharged
A Foulis Motoring Book.

Copyright der Originalausgabe:
Haynes Publishing Group
© 1990.

Alle Rechte der vorliegenden
Lizenzausgabe in deutscher Übersetzung
bei
Schrader Verlag GmbH,
Hinter den Höfen 7,
D-3113 Suderburg 2 Hösseringen
© 1991.

Redaktion: Mansur Darlington
Photographie: David Sparrow
Übersetzung: Halwart Schrader
Layout: Camway Autographics
Satz: RTS, Uelzen
Druck und buchbinderische
Verarbeitung: J. H. Haynes & Co. Ltd.

Printed in Great Britain

ISBN 3-922617-75-1

Die Titel dieser Reihe:

Band 1
Bentley 4,5 Liter Kompressorwagen

Band 2
Triumph TR4, TR5, TR6

Band 3
Ferrari Testarossa

I N H A L T

Autofolio

Ganz ohne Zweifel war der große Kompressor-Bentley zu seiner Zeit ein superbes Automobil. Er verkörperte die Philosophie einer technischen Entwicklung, die wenige Jahre vor dem Ersten Weltkrieg begonnen hatte: Damals wurden die riesigen, wenn auch mit moderaten Tourenzahlen drehenden Rennmotoren von leichteren, hochtourigen Maschinen abgelöst, wie sie Ernest Henri und Paul Zuccarelli schufen, und auf deren Konstruktionsprinzipien basierten auch die Grand-Prix-Wagen von Peugeot und Mercedes, wie sie 1914 beim Großen Preis von Frankreich für Aufsehen sorgten. Den 1919 entstandenen 3 Liter Bentley darf man als einen indirekten Nachfahren jener Peugeot und Mercedes ansehen, und der 4,5 Liter folgte bekanntlich dem 3 Liter.

Der 4,5 Liter Kompressor-Bentley markierte das Ende einer Ära, nämlich die der klassischen Vintage-Boliden. Es war eine Zeit, in welcher man glaubte, durch die Erweiterung des Hubraums plus Aufladung zu immer höheren Leistungen zu gelangen. Zwar waren die Motoren bei weitem nicht mehr so schwer und gewaltig wie um 1908, aber sie hatten noch immer zwischen vier und sieben Liter, und die Epoche der Formula Libre im Motorsport führte in dieser Hinsicht in allen Lagern zu grotesken Kraft-Auswüchsen.

Die Erkenntnis, daß ein unter Druck in die Verbrennungsräume der Zylinder zugeführtes Kraftstoff/Luft-Gemisch den Motor zu höherer Leistungsabgabe befähigt, hatte man während des Ersten Weltkriegs im Flugmotorenbau gewonnen. Dieser »Aufladung« (englisch: supercharging) genannte Prozeß der forcierten Zylinderfüllung mittels Kompressor oder Verdichter sollte den in zunehmender Höhe nachlassenden atmosphärischen Druck ausgleichen. Viele Automobil-»Saug«-motoren, die man in den frühen zwanziger Jahren mit solchen Kompressoren bestückte, hatten genügend Reserven, um höhere Druckbelastungen durchaus zu verkraften, und das per Aufladung gar nicht einmal so schwierig zu erzielende Leistungsplus war bei jenen Fahrzeugen besonders willkommen, die entweder ein hohes Gewicht auf die Waage brachten oder die man

besonders schnell zu fahren beliebte — nämlich Wettbewerbswagen. Mercedes, Fiat, Bugatti, Alfa Romeo: Sie und viele andere gingen mit aufgeladenen Motoren an den Start. Beim Bentley war es der Kompressor der Konstruktion Roots, der das Fahrzeug zu einem »heißen« Gerät werden ließ; er saß unübersehbar vorn unter dem Kühler und wies links die beiden SU-Vergaser auf, während auf der anderen Seite ein starkes, verripptes Rohr zum Einlaßkrümmer des Motors führte.

Wie kaum ein zweiter Wagen britischer Herkunft hat der Kompressor-Bentley damals für Schlagzeilen gesorgt. Die Popularität der Namen Birkin und Paget ist noch heute sehr groß. Doch schlug sich der enorme Bekanntheitsgrad des rassigen Bentley nicht in kommerziellen Erfolgen nieder, ganz im Gegenteil. Vielleicht ist gerade dieses Phänomen ein interessanter Aspekt, sich näher mit der Geschichte dieser Autos zu befassen.

Ich habe mich bemüht, die oft kontroverse Historie des »Blower Bentley«, wie er in England allenthalben heißt, gründlich zu recherchieren und das kurze Leben dieses bemerkenswerten Automobils zu analysieren. Der Leser erfährt etwas über die firmenpolitischen Zusammenhänge bei Bentley, über die motorsportlichen Aktivitäten jener Jahre und auch über den Verbleib der Kompressor-Fahrzeuge. Schon im Juli 1931 endete das Dasein der Marke Bentley als unabhängiges Fabrikat — aber das ist eine andere Geschichte.

Am Zustandekommen dieses Buches waren in erster Linie Tim Scott und Ted Parkinson beteiligt, die mir ihre Wagen dankenswerterweise zur Verfügung stellten und erlaubten, sie zu fahren. Dank auch meinem Freund Stanley Mann, der mir seinen Bentley Le Mans Replica auslieh, ferner Coys of Kensington und Harry Booth, die mir ebenfalls ihre Autos überließen. Der Bentley Drivers' Club öffnete freundlicherweise seine Archive für mich, und last not least soll David Sparrow nicht unerwähnt bleiben, dessen Photos diesen Band illustrieren.

Michael Hay

Für die Entstehung des Kompressor-Bentley zeichnete ein einziger Mann verantwortlich: Sir Henry Birkin, genannt »Tim«. Er stammte aus einer sehr wohlhabenden Familie in Nottingham; seine Eltern besaßen eine Fabrik, die maschinell geklöppelte Spitzen herstellte. Tim hatte eine Ausbildung als Ingenieur, konnte es sich aber erlauben, ausschließlich seinen Hobbies nachzugehen. Autofahren zum Beispiel. Sein erster Wagen

war ein französischer DFP, gekauft und frisiert vom Londoner DFP-Vertreter Bentley & Bentley. Das Unternehmen gehörte Walter Owen Bentley und seinem Bruder, sie hatten es 1912 gegründet. Am Steuer eines 2 Liter DFP 12/15 hp hatte W. O. Bentley auch seine ersten motorsportlichen Aktivitäten entfaltet. Birkin startete mit seinem DFP einigemale in Brooklands, indes ohne nennenswerte Erfolge. 1925 schaffte er sich einen 3 Liter

Bentley an, fuhr mit ihm aber keine Wettbewerbe; erst 1927, nachdem er sich einen zweiten Wagen gekauft hatte, ging er an den Start des 6-Stunden-Rennens von Brooklands, ausgeschrieben vom Essex Car Club. Als Teampartner begleitete ihn sein Bruder Archie.

Die Birkin-Brüder gingen mächtig 'ran und fuhren das Getriebe ihres Wagens sauer; bis auf den dritten ließ sich am Ende kein Gang mehr schalten. Es gab noch weitere Bentleys in jenem Rennen, die indes sämtlich mit Kipphebelbruch liegenblieben. Rennleiter Bertie Kensington-Moir bat die Birkin Brothers, ihren trotz Getriebedefekt einzig noch einsatzbereiten Wagen Frank Clement zu überlassen, der zweifellos der beste Fahrer in der ganzen Bentley-Mannschaft war, so daß wenigstens ein Vertreter der Equipe die sichere Chance hatte, das Rennen in Wertung zu beenden.

In zunehmendem Maße interessierte sich Tim Birkin für den Motorsport. Ende 1927 erwarb er einen weiteren Bentley, diesmal einen 4,5 Liter, ein ganz nach Werksteam-Spezifikationen hergerichtetes Wettbewerbsmodell. Extensiv fuhr er dieses Fahrzeug während der Saison 1928. Beim 6-Stunden-Rennen in Brooklands wurde er diesmal Klassensieger und Dritter im Gesamtklassement. Und in Le Mans kam er mit seinem Partner Jean Chassagne trotz einer Reifenpanne auf einen ehrenvollen fünften Platz. Die Panne zu beheben hatte volle drei Stunden gedauert: Teile eines geplatzten Pneus hatten sich um Nabe und Bremse gewickelt und sie dabei beschädigt. Beim TT-Rennen in Ards als auch beim Coup Boillot in Boulogne wurde Birkin ebenfalls Fünfter, beide Rennen absolvierte er jeweils als Tagesschnellster.

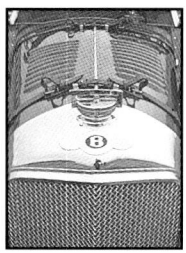

Vermutlich kam ihm die Idee, dem Bentley einen Kompressor zu verpassen, auf dem Nürburgring. Gegen vier schwere Kompressor-Mercedes SS und drei Bugatti hatte Birkin hier keinerlei Chance gehabt. Besonders die Mercedes waren in der Eifel erheblich schneller gewesen als der gewiß nicht lahme Bentley, aber ihre 7,1-Liter-Sechszylinder kamen mit Aufladung auf beachtliche 225 PS. Der Bentley verfügte über »nur« 130 PS, und da beide Rivalen etwa das gleiche Gewicht hatten, war der Mercedes natürlich viel schneller. Kleinere und schwächere Gegner, wie die Bugatti und Alfa Romeo, wogen hingegen sehr viel weniger, was sich für sie gleichermaßen vorteilhaft auswirkte. Birkin war ein guter Patriot und wünschte sich sehnlichst einen ebenbürtigen britischen Rennwagen. Mit einem unaufgeladenen Bentley wollte er jedenfalls kein weiteres Mal antreten.

Stammbaum

Im Jahre 1919 entstand der 3 Liter Bentley als eine Konstruktion der Ingenieure F. T. Burgess (ex-Humber) und H. F. Varley (ex-Vauxhall). Firmenchef Walter Owen Bentley — alle nannten ihn nur W. O. — war ebenfalls Ingenieur, hatte zuvor bei der britischen Eisenbahn und bei Unic gearbeitet und schon während seines Engagements für DFP beschlossen, dereinst in eigener Regie Autos zu bauen. Seine DFP-Rennwagen liefen ausgezeichnet, erlitten nur oft Kolbenbrüche — bis W. O. dem Motor Leichtmetall-Kolben verpaßte. Eine zumindest im Jahre 1913 ganz neue Idee (ein Jahr später ist sie auch beim Rolls-Royce Silver Ghost realisiert worden). Bentley erprobte einige Legierungen, ehe er sich für einen achtprozentigen Kupferanteil entschied und damit die besten Resultate erzielte. Jetzt hielt nicht nur sein Motor; er gewann mit ihm auch eine ganze Anzahl von Rennen.

Dem Automobilbau kam W. O. durch seine Arbeit während des Ersten Weltkriegs näher. Er konstruierte Sternmotoren für Flugzeuge und gedachte seine gewonnenen Erkenntnisse alsbald auf den Motorenbau für Autos anzuwenden. F. T. Burgess war bei Humber für die Herstellung der Bentley-Flugmotoren zuständig, und er war bereit, zur frisch gegründeten Firma Bentley Motors im Januar des Jahres 1919 überzuwechseln. Varley kam ebenfalls hinzu, und nach einer genauen Analyse der erfolgreichsten Rennwagen von 1914 entstand ihr gemeinsames Konzept für ein Sportfahrzeug mit drei Liter Hubraum.

Das Herz ihres schnellen »Three Litre« sollte — wie bei den Peugeot und Mercedes von 1914 — ein langhubiger Vierzylinder sein. Einen verhältnismäßig langen Hub hatten seinerzeit viele Motoren, weil das britische Kraftfahrzeug-Steuersystem sich am Zylinder-Durchmesser orientierte. Bei Dimensionen von 80 x 149 mm kam man auf 2996 ccm Hubraum. Der Zylinderkopf war nicht abnehmbar, also konnte es auch keine Probleme mit defekten Dichtungen geben; deren Qualität ließ damals ohnedies sehr zu wünschen übrig. Der Motor war ein Vierventiler. Für eine solche Konstruktion sprachen gute Gründe: Vier Ventile pro Zylinder sorgten für eine bessere Wärmeabfuhr, für eine günstigere Zylinderfüllung und -entsorgung sowie für eine geringere Belastung des Ventiltriebs pro Einheit, wodurch auch die Federn weniger Streß ausgesetzt waren und die Ventilteller in ihren Sitzen einer geringeren mechanischen Beanspruchung unterlagen. Die obenliegende Nockenwelle wurde am Kopf des Motors durch einen mit Zahnrädern versehenen Schaft angetrieben: eine Kraftübertragung per Welle aktivierte auch die zwei Zündmagneten, einen pro Kerzenreihe: Der Motor wies Doppelzündung auf. Mittels eines weiteren Zahnrades wurde die Wasserpumpe angetrieben.

Die obenliegende Nockenwelle betätigte stählerne Kipphebel, je einen gabelförmigen für die Einlaß- und je zwei separate für die Auslaßventile. Das ganze Layout hatte eine unverkennbare Ähnlichkeit mit dem Kopf des 1914er Renn-Mercedes, den zu studieren W. O. 1915 Gelegenheit gehabt hatte, als ein solches Exemplar vom Londoner Mercedes-Showroom zu Rolls-Royce überführt worden war.

Im unteren Baubereich gab sich der Bentley-Motor eher konventionell. Die Kurbelwelle lief in fünf Hauptlagern; Kurbelgehäuse und Ölwanne waren aus Leichtmetall. Die Lagerschalen bestanden aus Weißmetallguß mit nachträglich eingefrästen Ölriefen. Das eng abgestufte Getriebe (genannt A-Box) wurde mittels einer Konuskupplung getrennt; Kardanantrieb und Hinterachse entsprachen wieder zeitgenössischer Bauart. Nicht anders gab sich das Leiterchassis mit anfangs ungebremsten Vorderrädern und Schneckenlenkung. Ringsum gab es Halbelliptik-Blattfedern und Reibungs-Stoßdämpfer. Die ersten 3 Liter hatten einen Radstand von 2994 mm. Fast alle Bestandteile des Wagens fertigte man im eigenen Betrieb im Londoner Stadtteil Cricklewood an; Zulieferer nahm man nur in geringem Maße in Anspruch, etwa für die Räder, die Elektrik, die Instrumente und das Lenkrad. Guß- und Schmiedearbeiten vergab man außer Haus; hierfür verfügte man bei der Firma Bentley Motors über keinerlei eigene Einrichtungen.

Im Chassis Shop wurden die Rahmen zusammengesetzt und die Fahrwerks-Komponenten montiert, und da die überwiegende Zahl aller Teile von Hand bearbeitet wurde, gab es kaum solche, die hundertprozentig identisch und damit austauschbar waren. Die Achsen setzte man ins Chassis ein, indem dieses auf den Kopf gestellt wurde; für den Einbau aller anderen Teile und des Motors drehte man es dann wieder herum. Dieser

»Bond leistete sich nur ein einziges Vergnügen: seinen 4,5 Liter Bentley, einer der letzten mit Amherst-Villiers-Kompressor, den er 1933 erworben und über den Krieg gerettet hatte. Einmal jährlich erfuhr der Wagen eine gründliche Inspektion, und ein ehemaliger Mitarbeiter Bentleys nahm sich des Fahrzeugs persönlich an. Bond fuhr das Auto hart und doch gefühlvoll. Es war ein dunkelgraues, zweisitziges Cabriolet, das man mit 140 km/h spazierenfahren konnte — oder mit 190, wenn's beliebte.« (Ian Fleming: Casino Royale, Jonathan Cape Ltd., 1953)

Autofolio

11

Dieser hier abgebildete Wagen ist ein typischer Vertreter seiner Gattung. Er ist mit einer zweitürigen Tourer-Karosserie von der Firma Vanden Plas versehen, größtenteils mit Kunstleder bespannt. Bei der Restaurierung des Wagens haben Stanley Mann und Geoff Huckle den Aufbau nach Le-Mans-Spezifikation etwas modifiziert.

Die beiden kleineren Fotos zeigen typische Details des Kompressor-Bentley. Der Reibungs-Stoßdämpfer ist von Bentley & Draper (eine nur zufällige Namensgleichheit). Die Reibscheiben zwischen den Metallflächen waren meist aus Hartholz. Die Stoßdämpferhärte ließ sich einstellen. Die Bremstrommel (oben) unterschied sich beim Kompressorwagen durch eine Verrippung gegenüber den glattflächigen Trommeln beim 3 und 4,5 Liter. Ihr Durchmesser entspricht fast dem der Felge.

Vorgang war der Job der Leute im Engine Shop. Hier wurde der Motor auf dem Bremsstand geprüft, ehe man ihn installierte. Anschließend kam das Chassis zum Running Shop, wo man es provisorisch fahrbereit machte, um erste Proberunden absolvieren zu können. Danach erst wurden alle Arbeiten soweit abgeschlossen, daß die Karosseriehersteller als nächstes an der Reihe waren. Mit einem Aufbau versehen, kam der Wagen dann nach Cricklewood zurück, wurde vermessen und gewogen. Der Hersteller der Karosserie mußte gewisse Vorgaben einhalten, zum Beispiel Mindestmaße im Bereich der Räder und Bremsen. Nach weiteren Erprobungsfahrten und abschließendem Check stellte man ein 5-Jahres-Garantiezertifikat aus (nur bei den 100 mph »Supersports«-Modellen limitierte man die Garantie auf ein Jahr). Man behielt diese Prozedur bis 1929 bei, wobei lediglich der Motorenbau zwischenzeitlich einige Rationalisierungen erfuhr. Der hohe Anteil an reiner Handarbeit und die Aufträge, die außer Haus ausgeführt werden mußten, schlugen hoch zu Buch — der Bentley konnte kein billiger Wagen sein!

Schon kurz nach seiner Vorstellung im Jahre 1919 (zu kaufen gab es den Wagen allerdings noch lange nicht) erhielt der 3 Liter auch an den Vorderrädern mechanische Bremsen. Die »Supersport«-Version mit 2743 mm Radstand wurde neben dem serienmäßigen »Speed Model« angeboten; eine Langchassis-Variante gab es mit 3302 mm Radstand. Dieses Modell hatte auch ein weniger kurz abgestuftes Getriebe (B-Box) sowie eine niedriger übersetzte Hinterachse, die 1926 eine weitere Modifikation erfuhr. Im gleichen Jahr ersetzte

Autofolio

man die stählernen Kipphebel durch solche aus Dur-aluminium und die bisher zweiteilige Ölwanne durch eine durchgehende.

Nicht vor 1922 trat der 3 Liter international an die Öffentlichkeit. Immerhin gab der neue Wagen gleich bei den 500 Meilen von Indianapolis sowie bei der Tourist Trophy sein Debüt. In den USA wurde der Bentley nur 13., in der TT auf der Insel Man aber langte es für einen 2., einen 4. und einen 5. Platz! Mit einem werksseitig prä-parierten, aber privat gemeldeten 3 Liter traten John Duff und Frank Clement 1923 bei den 24 Stunden von Le Mans an und kamen auf den 4. Platz, absolvierten auch die schnellste Runde. 1924 fuhren die gleichen Männer einen 3 Liter Bentley in Le Mans zum Sieg, und 1925 steuerten Duff und Woolf Barnato einen solchen Wagen bei den 24 Stunden von Montlhéry. Mit 152,9 km/h stellten sie einen neuen Weltrekord auf. 1925 und 1926 hielt allerdings kein Bentley die 24 Stunden von Le Mans durch, und 1927 rettete nur Clement im Birkin-Wagen — wie weiter vorn erwähnt — im 6-Stunden-Brooklands-Rennen die Ehre der Marke. Der 3 Liter Bentley hatte sich überlebt, die Konkurrenz der gleichen Klasse, zum Beispiel der 2ohc Sunbeam, war schneller. Um weiterhin mithalten zu können, mußte mehr Leistung her. Der Bentley war wohlgemerkt ein Tourenwagen, kein reines Rennfahrzeug wie viele seiner Gegner auf der Piste (die man aber auch in ziviler Version kaufen konnte). So entstand die Idee zum 4,5 Liter, dem »Four-and-a-half«.

Im Jahre 1927 wurde der Bentley mit dem größeren Motor präsentiert. In der Standardversion wies das Auto den längeren Radstand von 3302 mm auf; erhältlich war aber auch die 2994-mm-Variante (»short chassis«). Die Zylinderdimensionen betrugen 100 x 140 mm, was genau 4398 ccm ergab. In der Bauweise glich der Motor jenem mit 3 Liter Hubraum einschließlich Leichtmetall-Kipphebel und einteiliger Ölwanne. Das als C-Box be-zeichnete Getriebe wies Abstufungen zwischen denen der A- und der B-Version auf; alternativ gab es eine D-Box, deren Gänge denen der A-Box entsprachen, nur war die Konstruktion insgesamt etwas kräftiger gehalten. Geändert hatte man auch die Kardanwelle (Spicer), an-sonsten aber wich das Fahrgestell nicht von dem des Three Litre ab, zumindest im Design — nur überarbeitet hatte man es in vielen Details; alle bisher bekannt gewor-denen Schwachstellen waren beseitigt. Etliche Versteifungen erfuhr der Rahmen dann noch einmal 1928, nach-dem es bei zwei Le-Mans-Wagen während des strapaziösen 24-Stunden-Rennens zu Brüchen gekom-men war. Hatte die Motorleistung des »Three Litre Speed

Model« 85 bis 88 PS (bhp) betragen, so lag sie beim 4,5 Liter zwischen 105 und 110 PS (bhp), das langte für eine Spitze von annähernd 155 km/h.

Den von 1927 bis 1929 gebauten 4,5 Liter stattete man mit einer Einscheiben-Trockenkupplung statt der Konuskupplung aus. Die Vorderradbremsen hatten je eine auf- und eine ablaufende Backe. Versuchsweise hatte man das zuvor bei den Werksrennwagen prakti-ziert, und diese Mechanik erwies sich als recht wirkungs-voll — man konnte wesentlich härter aufs Pedal steigen, ohne daß es zu Verwindungstendenzen an der Vorder-achse kam.

Chassis und Fahrwerk des serienmäßigen 4,5 Liter Kompressorwagens unterschieden sich kaum vom 4,5 Liter ohne Auflading. Es gab indessen eine zusätzliche Rohrtraverse zwischen den vorderen Rahmenholmen für die Auflage des Kompressors sowie einen weiteren Träger im vorderen Motorbereich; er wies zwei Aus-schnitte auf für den Durchlaß des Kompressorrohres rechts und das Vergasergestänge links. Die Hinterachse mit Differential entsprach beim Kompressorwagen der des 6,5 Liter, das dem 3- bzw. 4,5 Liter glich, dort aber stärker ausgelegt war, wo die zusätzliche Leistung auch höhere Belastungen mit sich brachte. So gab es eine stärkere Kardanwelle und ein kräftigeres Getriebe (D-Box); Lenkung, Aufhängungen und Bremsen hatte man unverändert übernommen. Der 4,5 Liter leistete mit Kompressor 175 PS (bhp), wobei 35 PS (bhp) der An-trieb des Laders beanspruchte. Die Höchstgeschwindig-keit des Kompressor-Bentley betrug offiziell knapp 170 km/h. Natürlich ließ sich ein solches Tempo nur auf einer Rennstrecke, nicht auf der Straße ausfahren.

Obwohl viele 4,5 Liter ganz »zivilen« Zwecken dien-ten und als normale Cabriolets, Coupés und Limousinen karosseriert wurden, war die Konstruktion dieses Wagens eindeutig die eines Wettbewerbsfahrzeugs. Allein die In-stallation eines 4,5-Liter-Motors in das Chassis Nr. 976 deutet darauf hin, denn das Auto mit diesem Fahrgestell war ein Trainingsfahrzeug für Le Mans. Da aber der Bau von Rennwagen der Firma Bentley nicht eine ausrei-chende Existenz zu garantieren vermocht hätte (ganz im Gegenteil: der Motorsport verschlang ungeheure Sum-men), ging man davon aus, daß sich auch eine genü-gend große Klientel für Straßenfahrzeuge fand. So ver-kaufte man einige Tourenwagen an zwar sportlich ambitionierte, aber nicht am Rennsport interessierte Kun-den. Die Karosserien entstanden bei Vanden Plas, bei der Cadogan Motor Company, bei Harrisons oder May-fair. Die Limousinen hatten meist ein mit Kunstleder be-

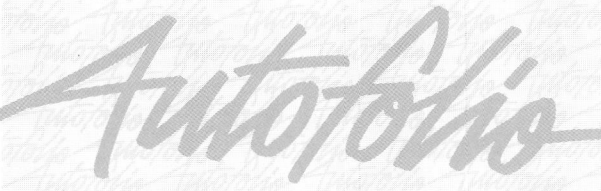

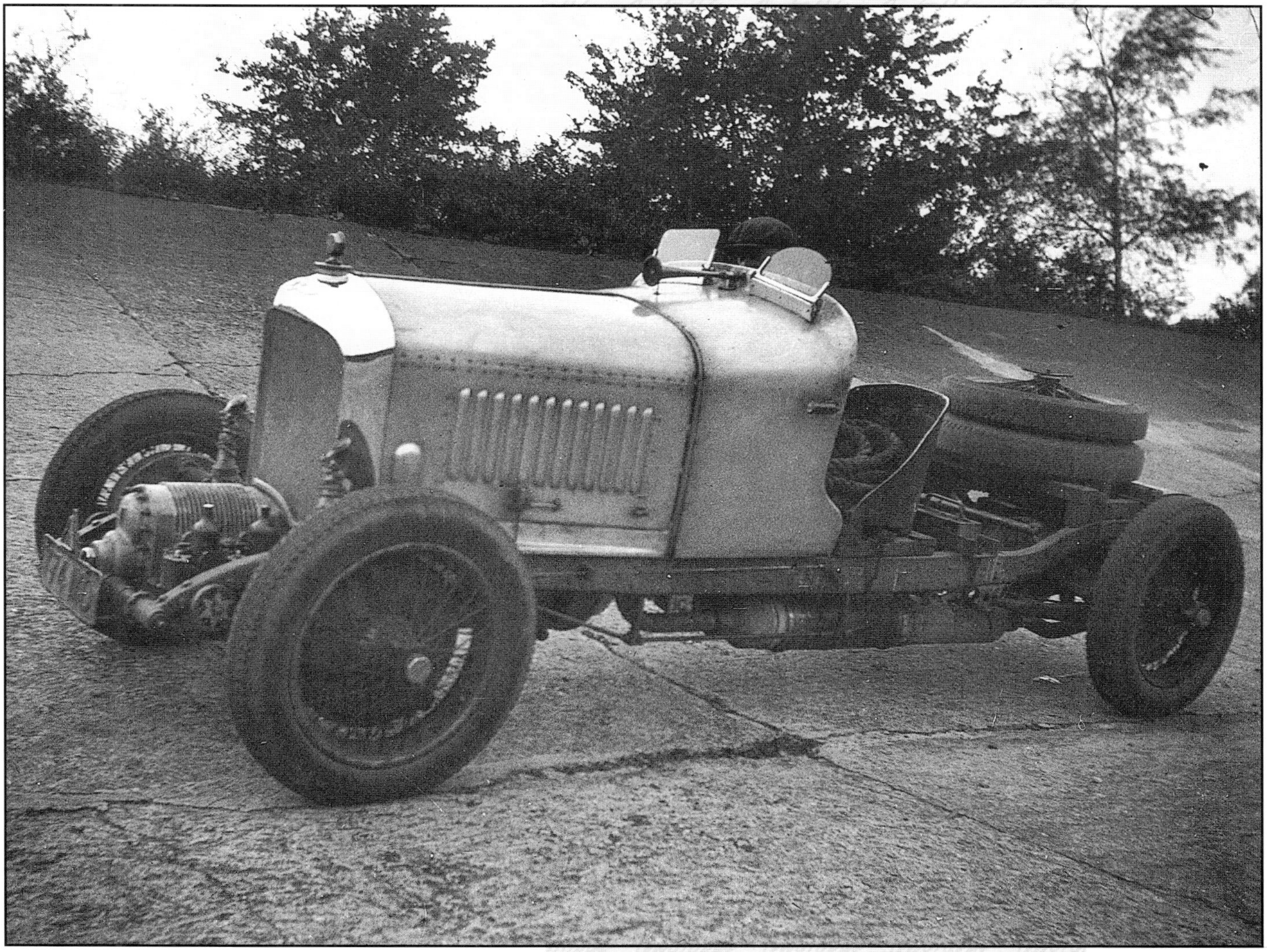

spanntes Holzgerippe nach Weymann-Patent; solche Aufbauten kamen von Lancefield, H. Mulliner, Maythorn oder ebenfalls von Harrisons.

Besonders sportliche Karosserien stellte die Firma Jarvis & Co. her, sie waren nicht so hochbordig und wiesen zum Teil ein Spitzheck auf. Vanden Plas produzierte aber keineswegs nur nach einem einzigen Tourenwagen-Baumuster; es gab durchaus Abweichungen im Design, so auch einige Zweisitzer mit aufklappbarem Notsitz im Heck (»dickey seat«), mit oder ohne seitliche Trittbretter, mit langen, durchgehenden Kotflügeln oder kurzen, die helmartig auf den Rädern saßen (»cycle wings«). Last not least stellte die Firma Gurney Nutting einige Karosserien auf Basis des 4,5 Liter Bentley her, komfortable Reisewagen mit zusätzlichem Kofferraum am Fahrzeugheck oder an den Seiten, während von Freestone & Webb kompakte Limousinen mit besonders schwungvoller Linienführung stammten.

Ein noch unkarossiertes Kompressorwagen-Chassis beim Test in Brooklands. So absolvierte man früher Probefahrten, bevor der Wagen seinen Aufbau erhielt.

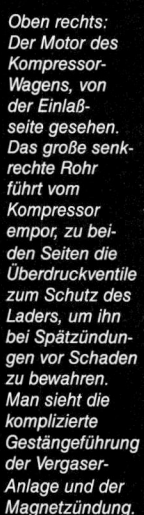

Das Konzept

Birkins Vorstellung von der Aufladung des 4,5 Liter teilte
W. O. keineswegs. Was er beim Bau seiner Flugmotoren
akzeptiert hatte, wollte er bei seinem Automobilmotor
nicht angewendet sehen. Er war vielmehr davon überzeugt, daß eine Erhöhung des Hubraums der einzig
richtige Weg zur Leistungssteigerung sei, weshalb er ja
auch aus dem 3 Liter einen 4,5 Liter gemacht hatte.
Nach diesem Konzept war bereits 1926 ein Sechszylinder mit 6,5 Liter Hubraum entstanden; zunächst als
Prestige- und Luxuswagen gedacht, wurde daraus der
sportliche »Speed Six«, der 1929 und 1930 beachtliche
Leistungen im Motorsport absolvierte. Wo der 4,5 Liter
Bentley mit seinem Elan am Ende war, sollte der groß-
volumige Sechszylinder — nach Bentleys Willen ein
Auto ohne Kompressor — anknüpfen.

Zunächst hatte die sportliche Karriere des Four-and-
a-half einen guten Anfang genommen. In Le Mans hatte
er 1927 die beste Rundenzeit hingelegt, bevor er am
Maison Blanche in die berüchtigte Massenkarambolage
geriet (letztlich gewann das Rennen ein Bentley des
3-Liter-Typs). Im gleichen Jahr errang ein 4,5 Liter den
Sieg um den Grand Prix de Paris anläßlich der 24 Stunden von Montlhéry, und 1928 kamen 4,5-Liter-Wagen auf
die Plätze 3, 6 und 8 beim 6-Stunden-Rennen von
Brooklands. In Le Mans holte sich ein 4,5 Liter sogar den
Gesamtsieg. Eine besondere Leistung, wenn man be-
rücksichtigt, daß der Wagen das Rennen mit Rahmen-

bruch und unter Verlust des gesamten Kühlwassers zuende fuhr...

Danach aber hatte der 4,5 Liter kaum weitere
Chancen. Auch W. O. sah das ein, aber hier trennten
sich die Wege Bentleys und Birkins, da beide unter-
schiedlicher Ansicht über die Mittel der Leistungssteigerung waren. Tim Birkin übte inzwischen einen nicht
unerheblichen Einfluß aus, auch die Motorpresse favori-
sierte ihn. W. O. hatte dem jungen Mann viel zu ver-
danken. Birkin war aber keineswegs nur darauf aus,
Ruhm an seine Fersen zu heften — ihm ging es wie dem
Firmenchef um die Marke Bentley und ihre Konkurrenz-
fähigkeit als britisches Fabrikat. Und mit Blick auf die
Kompressorfahrzeuge anderer Hersteller war er fest davon überzeugt, daß der Bentley nur durch Aufladung zu
beflügeln sei.

Nun war Birkin zwar vermögend, aber nicht in
solchem Maße, daß er den Bau und den Einsatz einer
Anzahl von Kompressor-Bentleys selbst hätte finanzieren
können. Und W. O. wäre — auch, wenn er sich zur
Kompressor-Idee bekannt hätte — nicht in der Lage gewesen, entsprechende Mittel zur Verfügung zu stellen.
Sein Finanzchef Woolf Barnato, Sohn eines reichen süd-
afrikanischen Minenbesitzers, der schon ab Frühjahr
1926 selbst enorme Summen in das stets kapital-
schwache Unternehmen eingeschossen und praktisch
auch die Konstruktion des Sechszylinders aus eigener
Tasche finanziert hatte, sah sich zunächst nicht geneigt,
Geld für neue Projekte lockerzumachen.

Der Rennsport war ohnedies eine teure Angelegenheit. Mit Birkin und Barnato hatte W. O. zum Glück zwei exzellente Männer, die sich die fähigsten Kollegen als Amateur-Rennfahrer aussuchen konnten. Diese waren nur allzu gern bereit, auch ohne jegliche Bezahlung für Bentley an den Start zu gehen. Bekannte Persönlichkeiten waren darunter, wie der Arzt Dr. Dudley Benjafield, der australische Perlenhändler Bernard Rubin, Glen Kidston, die Brüder Dunfee, Leslie Callingham, Baron d'Erlanger und der Jockey George Duller. Einzig Frank Clement und Jean Chassange waren Profis.

Birkin war mit seiner Aufladungs-Idee also auf sich allein gestellt. Vermochte er auch keinen eigenen Automobilbau aufzuziehen (ein Gedanke, den er später aber durchaus gehegt haben dürfte), so beauftragte er zunächst den Ingenieur Amherst Villiers mit der Konstruktion eines Kompressors; dieser Mann hatte solche Gerätschaften nach dem Roots-Arbeitsprinzip bereits für Bugatti und Vauxhall gebaut, und sie hatten sich ausgezeichnet bewährt.

»Ich erinnere mich noch gut an den jungen Cambridge-Studenten, der eines Tages zu mir kam und meinte, er müsse das University-Trial gewinnen. Er besäße eine ganze Reihe schneller Autos, wisse aber nicht so recht damit umzugehen. Ich sollte ihm ein wenig helfen. Dabei gab er nicht etwa an; er war bescheiden, aber voller Ehrgeiz. Und als er tatsächlich das Trial gewann, war er bei der Zieldurchfahrt so aufgeregt, daß er zu bremsen vergaß und glattweg durch den Zaun und eine Hecke weiterpreschte, ehe er endlich begriffen hatte, daß das Rennen zuende war...

Mittlerweile soll er ein recht guter Fahrer geworden sein.« (Henry Birkin: Full Throttle, G. T. Foulis & Co., 1932)

Unten: Der Kompressor in seiner ganzen Pracht und den Steinschlag-Schutzgittern. Die Vergaser sind vom Typ SU HVG5.

W. O. Bentley war kein überzeugter Anhänger der Aufladung. Sein Standpunkt: »Einen Bentley-Motor aufzuladen kommt einer Perversion seines Konstruktionsprinzips gleich und hintertreibt sein eigentliches Leistungspotential.« Man hatte ihm empfohlen, die Kurbelwelle zu verstärken — auch für die Wagen ohne Kompressor, und es ärgerte ihn, daß ihr dadurch vermehrtes Gewicht 5 bis 10 Prozent Leistung schluckte.

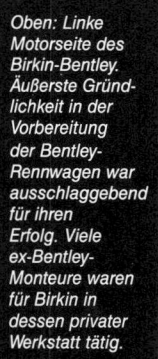

Villiers hatte sein Ingenieurbüro in der Sackville Street, London, und sich auf Kompressor-Technologie spezialisiert. Vor allem mit der Flugmotorenindustrie arbeitete er eng zusammen. Als Birkin zu ihm kam, bat er um Konstruktionszeichnungen des 4,5-Liter-Motors — und hier begannen die ersten Schwierigkeiten, denn die, so fürchtete Birkin, würde er vom Werk nicht so ohne weiteres erhalten. So war auch Mr. Bentley, der in einem Kompressor-4,5-Liter natürlich einen Rivalen zum Speed Six sah, strikt dagegen, die Pläne außer Haus zu geben; ihn umzustimmen, bedurfte erst Barnatos intensiver Fürsprache. Daß eines nicht allzu fernen Tages 50 solcher Blower Bentleys in Cricklewood tatsächlich gebaut werden sollten, schien W. O. zur Zeit noch als ein absurder Gedanke...

Konstruktion

Villiers Studium der Blaupausen bestätigte seine Annahme, daß diverse Komponenten des Bentley-Motors für eine durch Kompressorbetrieb erhöhte Belastung überarbeitet werden müßten. Er empfahl zunächst das optimale Auswuchten der Kurbelwelle unter Zuhilfenahme massiverer Gegengewichte sowie stärker dimensionierte Pleuelstangen. Er schlug auch eine Verstärkung des Kurbelgehäuses und der Hauptlager vor, die er mit 80 statt 55 mm Durchmesser berechnete, was gleichzeitig eine Modifikation des Zylinderblock-Unterteils bedingte. Das Gewicht der Kurbelwelle stieg nach Villiers Berechnung von 21,38 kg auf 34,05 kg.

W. O., ohne den die Motoren-Modifikation nicht vorgenommen werden konnte, war von Villiers Vorschlägen erwartungsgemäß nicht begeistert. Vor allem das höhere Kurbelwellengewicht stieß bei ihm auf Ablehnung. Widerwillig ließ er sich wenigstens zu einer etwas stärkeren Auslegung der Welle und zur Vergrößerung der Lager überreden. Als die Rede auf Trockensumpfschmierung kam, zeigte er sich vollends zugeknöpft.

Die Positionierung des Kompressors war ein weiteres Problem. Unter der Motorhaube war kein Platz dafür. Auch der Antrieb, der über eine Kette erfolgen sollte, stieß auf W. O.s Widerstand, denn eine Kette machte Geräusche — und der Bentley hatte einen Namen, kein lärmendes Automobil zu sein. Wenn ein Kompressor unbedingt sein mußte, dann gab es für W. O. nur einen Antriebsmechanismus: direkt vom vorderen Ende der Kurbelwelle weg. W. O. schrieb damit die Positionierung des Laders vorn unterhalb des Kühlers zwischen den Chassisholmen vor; beim Sechszylinder saß an gleicher Stelle die Lichtmaschine.

Für seine Arbeiten hatte Villiers von Bentley zunächst keine Vergütung zu erwarten. Lediglich die Nennung seines Namens als Hersteller des Kompressors auf dem Aggregat und in den Verkaufsunterlagen wurde ihm zugesichert; alles weitere, so hieß es, sei Sache Birkins. So kam es im Oktober 1928 zu einem Vertrag, der dies alles zum Inhalt hatte und Bentley Motors gestattete, bis zum Mai 1929 eine Reihe von Wettbewerbswagen mit Villiers-Verdichtern auszurüsten. Erst danach hätte Bentley — falls der Kompressor auch in Serienwagen zum Einbau käme — an Villiers Lizenzgebühren zu entrichten. Da W. O. vom Erfolg des »Blower« ohnedies nicht überzeugt war, störte ihn dieser Passus nicht.

Villiers baute die Kompressoren und installierte sie von Ende 1928 bis Mai 1929 in drei nach seinen Angaben modifizierte Fahrzeuge. Zwei dieser Wagen meldete Tim Birkin für das 1929er Le-Mans-Rennen; den ersten Prototyp — später als Wagen Nr. 3 bezeichnet —

mit aufgeladenem Motor erhielt Bernard Rubins. Birkins Werkstatt, in welcher die Arbeiten vorgenommen wurden, befand sich in der Broadwater Road 19, Welwyn Garden City; als Betriebsleiter arbeitete für ihn Clive Gallop.

Gallop war vor dem Kriege für Peugeot tätig gewesen, dann zum Royal Flying Corps gekommen. 1919/20 hatte er für Bentley in der Motorenkonstruktion mitgewirkt, war anschließend zu Aston Martin gegangen und zwischenzeitlich auch als Rennfahrer aktiv gewesen, so als Thistlethwaytes Copilot in einem 3 Liter Bentley beim 24-Stunden-Rennen von Le Mans 1926. Villiers mochte ihn nicht leiden: »Er meint, alles zu wissen und auf niemanden hören zu müssen.« Hätte es zwischen diesen beiden Männern keine Rivalitäten gegeben, wäre dem Kompressor-Bentley vermutlich ein besserer Erfolg beschieden gewesen. Villiers akzeptierte die für ihn wenig vorteilhaften Konditionen — Birkin zuliebe. Er half nach Kräften, das Projekt voranzutreiben. Aber schon bei den ersten Wagen mit aufgeladenen Motoren ergaben sich Probleme.

»Aggressiv, fast bedrohlich sah der Blown 4,5 Liter aus, worin ihn nur einige Mercedes übertrafen. Selbst wenn er am Straßenrand geparkt war, sah man ihm seine schiere Kraft an...« (Steinwedel: The Golden Age of Sportscars, Chilton, 1972)

»Ich erinnere mich recht gut an einen 4,5 Liter, den wir angekauft hatten und der keinen Kompressor mehr aufwies. Mit dem Loch unter dem Kühler sah er direkt häßlich aus. Aber ein Kompressorwagen war damals sehr schwer verkäuflich.« (Sam Hood, 1931 bis 1937 Verkäufer bei H. M. Bentley & Partners)

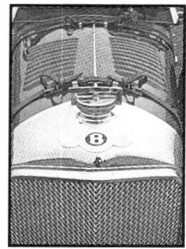

Wie alle Roots-Kompressoren, arbeitete auch der von Villiers nach dem Prinzip zweier Turbinenräder, von denen das eine von der Kurbelwelle des Motors über eine Hardyscheibe angetrieben wurde und mit Motordrehzahl lief; das zweite war mit diesem über ein Zahnradpaar verbunden. Die auf den Wellen dicht aneinandergesetzten Rotorblätter saugten von den beiden Zenith-Vergasern das Gemisch an und drückten es mit 0,8 at durch das Zuleitungsrohr hinauf zum Einlaßkrümmer an der rechten Motorseite. Das Gerät zeichnete sich durch äußerste Präzision aus; die Turbinen und Zahnräder ließ Villiers bei der Firma David Brown anfertigen.

Nun pflegte der Kompressor, der ja ständig mitlief, im Betrieb schnell heiß zu werden, und da sein Aluminiumgehäuse an einigen Stellen doppelwandig, an anderen aber nur als einfache Gußschale ausgebildet war, kam es zu thermisch bedingten Verspannungen. Mit der Folge, daß die Rotorwellen nicht mehr exakt fluchteten und die Blätter sich berührten. Villiers überarbeitete das Gehäuse und versah es mit Kühlrippen. Das war's aber auch schon — er verlor die Lust an dem Projekt und zog sich von ihm zurück.

Nun hätten aber mindestens 50 Kompressor-Wagen gebaut werden müssen, um eine Zulassung zum Start in Le Mans in der Serienwagen-Kategorie zu erwirken. Aber es gab erst drei — nämlich Bernard Rubins Prototyp mit dem Kennzeichen YU 3250 und jene zwei, die Tim Birkin für sich hatte bauen und in seiner eigenen Werkstatt herrichten lassen. Sie trugen die Chassisnummern HB 3402 und HB 3403. Bei Bentley wurden Automobile in Serie zu je 25 Stück hergestellt; die HB-Reihe (angeblich nach Henry Birkin so benannt) umfaßte die Nummern 3401 bis 3425. Nach Angaben des Kundendienstleiters Nobby Clarke sollten diese 25 Wagen ursprünglich Kompressormotoren erhalten. Aber man lieferte sie dann doch mit dem serienmäßigen Saugmotor aus. Tatsache bleibt, daß »supercharged production cars« nicht vor Oktober 1929 Cricklewood verließen.

Renneinsatz

Gallop und seine Leute in Welwyn taten ihr bestes, um Birkins zwei Fahrzeuge für das 1929er Le-Mans-Rennen zu präparieren. Man hatte sie mit offenen Viersitzer-Aufbauten versehen, angefertigt von Harrisons. Kurz zu-

Die meisten Blower-Bentleys hatten eine Abdeckung vor dem Kompressor wie der Wagen mit dem Kennzeichen GH 1932 auf Seite 44/45. Nur die Birkin-Rennfahrzeuge wiesen jene nicht auf und hatten auch mehr Instrumente auf dem Armaturenbrett, das aus Aluminium mit gedrillter Oberfläche bestand. Man erzielte sie sehr mühsam durch die Bearbeitung mit der Schwabbelscheibe aus hartem Filz und viel Schleifpaste.

vor hatte Birkin als Copilot mit einem nicht aufgeladenen 4,5 Liter am Double-Twelve-Hours-Rennen in Brooklands teilgenommen, dort hatte auch die Wettbewerbs-Version des Speed Six ihr Debüt gegeben. Der Sechszylinder Bentley hatte in Führung gelegen, bis ihn ein Lichtmaschinendefekt (Bruch der Antriebswelle) zum Aufgeben zwang; ein 4,5 Liter war Zweiter geworden, der Birkin/Holder-Bentley hatte mit Hinterachsschaden ausscheiden müssen. Als nun die Kompressorwagen ihre ersten Trainingsrunden in Brooklands drehten, gab es eine herbe Enttäuschung: Der »kalte« Öldruck fiel schon nach wenigen Minuten von 70 auf Null. Auch verölten ständig die Kerzen. Es blieb keine Zeit, den Ursachen auf die Spur zu kommen, und so erschien keiner der Kompressor-Bentleys am Start. Wohl aber Birkin: Er hatte Barnatos Offerte akzeptiert, sich mit ihm einen Speed Six zu teilen, und sie gewannen prompt das 24-Stunden-Rennen zur Freude aller Bentley-Enthusiasten. Zwei serienmäßige 4,5 Liter und ein weiterer Speed Six waren ebenfalls und gleichermaßen erfolgreich mit von der Partie: Die ersten vier Plätze des Gesamtklassements wurden ausschließlich von Bentley besetzt!

Birkin aber ließ von seinem Projekt nicht ab und präsentierte einen seiner Blower Bentleys einen knappen Monat später beim traditionellen 6-Stunden-Rennen auf dem Brooklands-Ring. Jetzt hatte man alle Probleme behoben, so schien es: der Wagen beeindruckte durch enormes Tempo. Daß er dennoch ausfiel, lag nicht am Kompressor, sondern wieder einmal an einem Defekt im Schmiersystem. Der zu knapp bemessene Zeitfaktor — nur zehn Monate für Konzeption, Bau und Erprobung des Kompressor-Bentley —, die fehlende finanzielle Absicherung, die Abneigung eines W. O. gegen das ganze

Projekt, der Rückzieher Villiers' — all dies trug dazu bei, daß der Blower Bentley ein Sorgenkind blieb.

Bis zum Irish Grand Prix in Dublin, ausgeschrieben für den 12. und 13. Juli 1929, konnte Gallop auch den zweiten Kompressorwagen herrichten. Als Fahrer hatte man Bernard Rubin verpflichtet. Birkin konnte hier erstmals so etwas wie einen Erfolg verbuchen — er wurde (mit kochendem Kühler) Dritter hinter Ivanowski auf Alfa Romeo und Glen Kidston auf einem Speed Six. Rubin wurde Achter. Spannende Jagden hatte es mit einem von Scrap Thistlethwayte gesteuerten Mercedes SSK gegeben, bis dieser mit defekter Zylinderkopfdichtung aufgeben mußte.

Schmier- und Kühlprobleme waren es immer wieder, die den Kompressor-Bentleys zusetzten. Durch die Position des Laders im Fahrzeugbug war die Stirnfläche des Kühlers geringer geworden; man versuchte dies später durch eine Verstärkung der Wabentiefe auszugleichen.

»In Le Touquet hatte Barnato gewettet, ich würde mit dem Kompressor-Monoposto den von mir anvisierten neuen Rundenrekord in Brooklands nicht brechen können. Ich flog hinüber, kam erst eine Stunde vor dem Start dort an. Eine riesige Zuschauermenge war da. Nach einer Aufwärmrunde nahm ich meinen Fuß nicht mehr vom Gas und nahm es in Kauf, die Holperstrecke teils mit großen Luftsprüngen zu durchmessen... zwei Runden absolvierte ich mit 216,57 und 217,69 km/h: Ich hatte meine Wette gewonnen. Ich flog nach Le Touquet zurück, wo Babe Barnato mich ins Casino zum Dinner einlud.« (Henry Birkin: Full Throttle, G. T. Foulis & Co., 1932)

Wortlaut einer Werksveröffent-
lichung für die Demontage des
Kompressors: »Wenn man den 4,5
Liter ohne Kompressor fährt, muß
man in Kauf nehmen, daß er infol-
ge geringerer Verdichtung und
schwererer Pleuel eine verminder-
te Beschleunigung und End-
geschwindigkeit hat.
Sie können den Kompressor durch
die Firma Bentley demontieren
lassen; einschließlich aller Um-
bauten, Lieferung eines Adapters
für die Kurbelwelle samt Andreh-
kurbel und Montage einer neuen
SU-Vergaser-Anlage berechnen
wir dafür 45 Pfund Sterling. Das
Verschließen der Öffnung unterhalb des Kühlers muß durch eine
Karosseriefirma vorgenommen
werden. Auf Wunsch wechseln wir
auch die stärkeren Vorderfedern
gegen schwächere aus, was mit 11
Pfund 15 Shilling berechnet wird.
Alle Preise verstehen sich bei Ein-
behaltung der ausgebauten Teile
durch das Werk.«

Autofolio

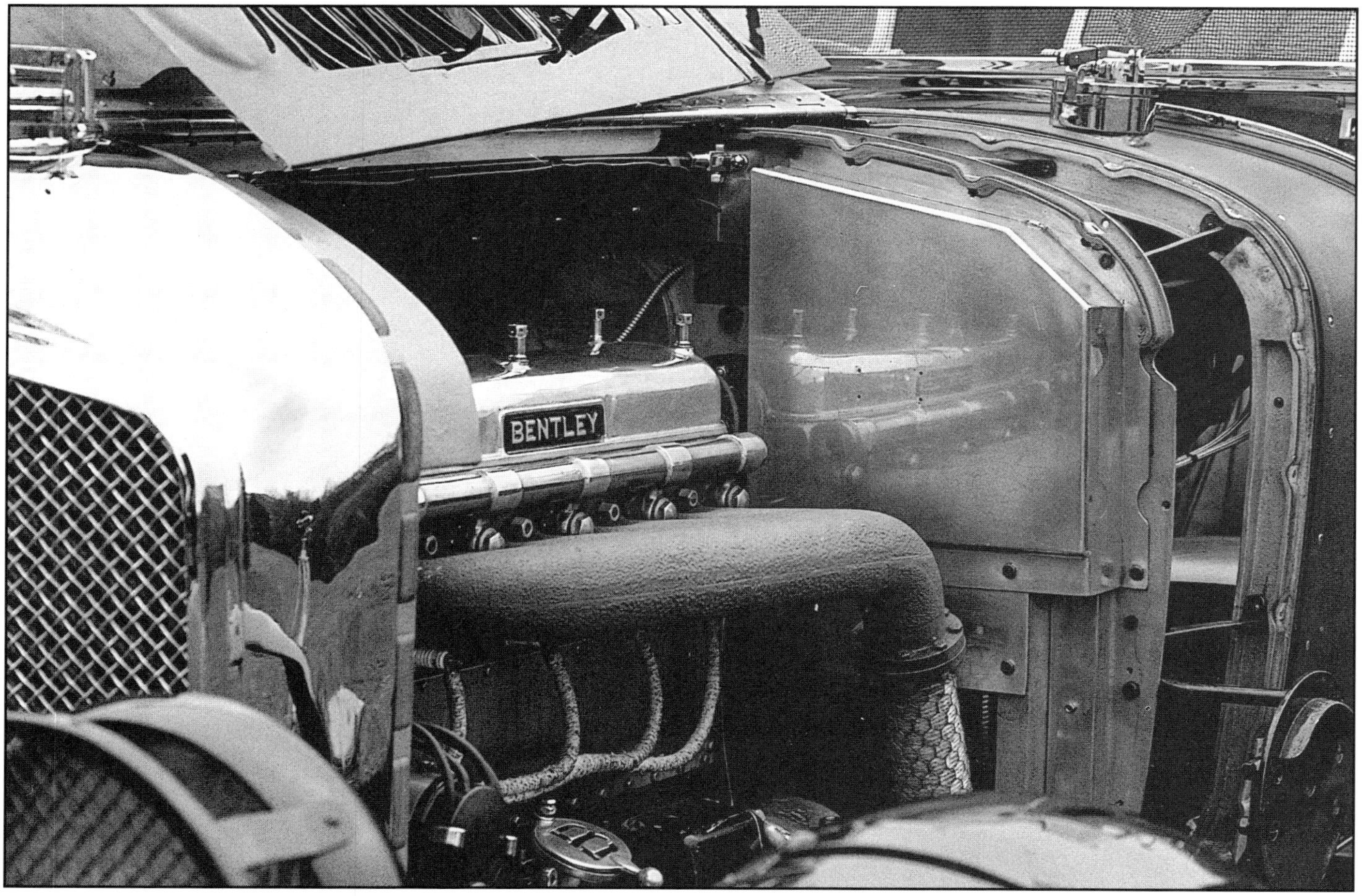

Hinter dem Aluminiumschild verbirgt sich ein Teil der elektrischen Anlage, die wie die Instrumente dadurch vor der Hitze des Motors geschützt werden sollte.

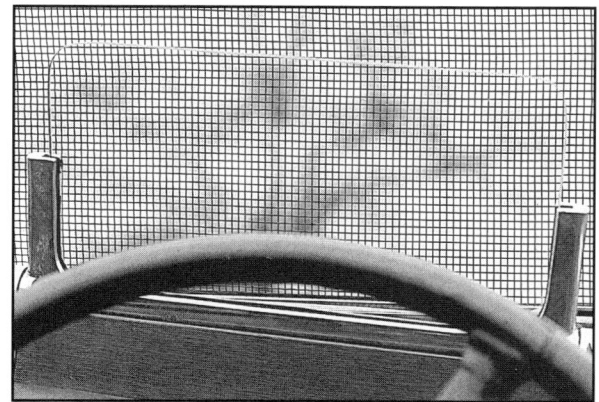

Auch beeinträchtigte der Kompressor den Kühlluftstrom an der Fahrzeug-Unterseite: Die Ölwanne lag im Windschatten, das Öl wurde zu heiß. Kräftigere Ölpumpen und stärker verrippte Ölwannen sollten für Abhilfe sorgen. Aber erst eine Trockensumpfschmierung, wie man sie später bei einem zum Monoposto umgebauten Wagen testete, löste das Problem.

Die beiden Birkin-Kompressorwagen sowie der Prototyp erschienen am Start zum 1929er Tourist-Trophy-Rennen in Ards bei Belfast. Birkin steuerte den Wagen Nummer 1, Rubin den Wagen Nummer 2, während Beris Harcourt-Wood — ein Amateur, der in Birkins Nachbarschaft wohnte und sich erst kürzlich dem Team angeschlossen hatte — im dritten Wagen saß. Obligatorisch war die Mitnahme eines Beifahrers, und neben Birkin saß niemand Geringeres als W. O. Bentley persönlich! Es sei das schrecklichste Erlebnis seines ganzen Lebens gewesen, gab er später zu Protokoll...

Im Verlauf der 20er Jahre, als die Autos immer schneller wurden, änderten sich die Le-Mans-Regularien, und so entfiel ab 1928 die Vorschrift, 20 Runden mit geschlossenem Verdeck zu fahren ebenso wie jene, die eine Windschutzscheibe zur Bedingung machte. Bei Bentley und anderen ersetzte man das Glas durch ein Drahtgewebe; wie die kleinen Klappscheiben (»Brooklands screens«) ließ sich auch der große Rahmen mit dem Netz umlegen.

Schon kurz nach dem Start gab es einen bösen Unfall: Rubin absolvierte einen Überschlag, bei welchem er und sein Beifahrer zum Glück unverletzt blieben. Birkin focht ein heftiges Duell mit Rudolf Caracciola auf Mercedes aus, das letzterer gewann: Es hatte zu schütten begonnen, und Caracciola war schließlich der »Regenmeister«! Birkin lief als Zweiter durchs Ziel, wurde nach der Handicap-Formel aber als Elfter gewertet. Harcourt-Wood hatte mit Motorschaden aufgeben müssen.

Tim Birkins Kompressor-Wagen 1929/30

Nr. 1. Chassis HB 3402, Motor SM 3901. Langes Chassis mit viersitzigem Aufbau von Harrison. Später zum Vanden-Plas-Zweisitzer, dann zum Monoposto (Thomson & Taylor) mit Trockensumpfschmierung umgebaut. Kennzeichen: UU 5871.

Nr. 2. Chassis HB 3403, Motor SM 3902. Langes Chassis mit viersitzigem Aufbau von Harrison. 1930 Chassis verkürzt mit Vanden-Plas-Aufbau. Kennzeichen: UU 5872.

Nr. 3. Chassis HB 3404/R, Motor SM 3903. Prototyp für Rubin mit langem Chassis und viersitzigem Vanden-Plas-Aufbau. Kennzeichen: YU 3250.

Nr. 4. Chassis HR 3976, Motor HR 3976. 1930 gebaut mit kurzem Radstand und viersitzigem Vanden-Plas-Aufbau. Kennzeichen: UR 6571.

Nr. 5. Chassis HR 3977, Motor HR 3977. Langes Chassis mit der zweisitzigen Vanden-Plas-Karosserie des Wagens Nr. 1. Nicht im Rennen eingesetzt. Kennzeichen: UR 9155.

Kontroversen

Im Jahre 1929 war es zum ersten wie auch zum letzten Mal, daß die Firma Bentley Motors zu den Ausstellern auf dem Pariser Salon zählte. Hier sollte die offizielle Vorstellung des 4,5 Liter mit Kompressor erfolgen. Das unkarossierte Chassis kostete 1475 Pfund Sterling, 425 Pfund mehr als der Standard-Bentley, damit blieb eine ordentliche Distanz zum Speed Six, der 1800 Pfund kostete. Wie damals üblich, ließ sich jeder Kunde eine Karosserie nach eigenen Vorstellungen anfertigen.

Doch in Cricklewood hatte man es nicht geschafft, für Paris einen Kompressorwagen fertigzustellen. So waren zwar ein normaler 4,5 Liter und ein Speed Six, der »Bentley à Compresseur« aber nur im Katalog zu sehen; die Abbildung zeigte eine Retusche des Prototyps YU 3250. Erst etwas später, rechtzeitig zur Londoner Motor Show in der Olympia Hall, vermochte man zwei Blower Bentleys zu zeigen. Einen präsentierte man als Vanden Plas Tourer auf dem Bentley-Stand, den anderen als Exponat bei der Karosseriefirma Freestone & Webb; dieses Auto hatte einen eleganten Aufbau als Faux-Coupé mit helmartigen vorderen Kotflügeln. Seinerzeit war es üblich, daß alle namhaften Aufbauhersteller Autos auf eigenen Ständen zeigten. Als 1930 der 8 Liter Bentley vorgestellt wurde, war er sogar auf fünf verschiedenen Ständen zu sehen!

> »Ende 1930 beschäftigte Tim Birkin in seiner Werkstatt in Welwyn Garden City so viele Experten, Enthusiasten, Träumer und Freunde, daß ich mich besser heraushielt... um so überraschter war ich, wie tadellos sich dennoch die Fahrzeuge hielten... « (Amherst Villiers — mit deutlichen Aussagen zwischen den Zeilen)

Am ersten Ausstellungstag besuchte auch Amherst Villiers die Motor Show und erschrak, als er feststellte, daß man seinen Namensschriftzug vom Kompressorgehäuse entfernt hatte. Die Gehäuse-Gußform hatte vorn in großen Lettern die Aufschrift »Amherst Villiers Super-Charger Mark IV« aufgewiesen, die hier ebenso fehlte wie die Plakette mit seinem Emblem. Warum bei den Ausstellungswagen beides nicht vorhanden war, vermochte niemand zu erklären. Immerhin war in jenem Vertrag vom Oktober 1928 niedergelegt worden, daß Name und Logo auf dem Kompressor zu erscheinen hätten. Auch das Photo im Bentley-Katalog ließ erkennen, daß beides durch Retusche entfernt worden war.

Die ersten von Birkin und seinen Leuten präparierten Kompressorwagen hatten die Aufschriften sehr wohl gehabt; die Lader waren ja auch von Villiers direkt nach Welwyn Garden City geliefert und mit seiner Hilfe installiert worden. Als man in Cricklewood ein Jahr später daranging, den Bau des Kompressors in der Serie zu übernehmen und die Gehäuse im eigenen Auftrag gießen ließ, verzichtete man auf die Insignien. Einerlei, ob dies aus Versehen oder mit Absicht geschehen war (letzteres unterstellte Villiers in Anbetracht der Photoretusche im Katalog) und man bei der vorgesehenen Abdeckung

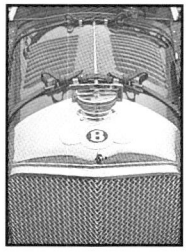

des Laders sie ohnedies nicht mehr gesehen hätte: Villiers klagte gegen die Firma Bentley und verlangte 1000 Pfund Schadenersatz. In einem Vergleich einigte man sich dann auf eine Anzahlung von 100 Pfund; die Restsumme sollte zu einem späteren Zeitpunkt be-

glichen werden. Villiers ließ die Sache ruhen und erhielt auch nie weitere Zahlungen, auch keine der seinerzeit in Aussicht gestellten Lizenzgebühren, denn 1931 meldete Bentley Bankrott an und wurde im November des gleichen Jahres von Rolls-Royce übernommen.

Der Wagen mit dem Kennzeichen PO 3265 (seine Chassisnummer: SM 3902) trug auf der 1929er Motor Show diesen Aufbau von Freestone & Webb. Zu Amherst Villiers Ärger war dessen Name auf dem Deckel des Kompressor-Gehäuses entfernt worden.

Auf diesem Bild (rechts) ist klar erkennbar, daß der Kompressor den Villiers-Namen aufweist. Die gleiche Aufnahme wurde im Bentley-Katalog veröffentlicht — nur fehlte dort leider der Villiers-Schriftzug!

28

PRODUKTION

Der Listenpreis für den 4,5 Liter Bentley mit Kompressor betrug offiziell 1475 Pfund Sterling; karossiert als Vanden-Plas-Tourer kostete er 1720. Viele Wagen aber wurden weit billiger abgegeben. So wurde im März 1931 für den Wagen MS 3941 mit speziellem Vanden-Plas-Aufbau nur 1525 Pfund Sterling bezahlt, und die Bentley-Repräsentanz Barclay's verkaufte einen nagelneuen Vanden Plas zwei Monate später an P. W. Preston für 1550 Pfund. Im Juni 1931 wurde MS 3927, ebenfalls als Vanden-Plas-Tourer, für nur 1395 Pfund abgegeben. Auf das Chassis, so ist belegt, räumte man im Schnitt bis zu 18 Prozent Nachlaß ein, und mehr auf die Kompressorwagen, die dennoch kaum loszubringen waren. Von Oktober 1930 bis Januar 1931 senkte Bentley den Chassis-Preis offiziell auf 1150 Pfund, damit kostete der Wagen nur 100 Pfund mehr als der unaufgeladene 4,5 Liter. Aber die Preise sanken noch weiter. Jack Barclay gab im November 1931 einen Blower Bentley mit Mayfair-Karosserie (MS 3938) für 1075 Pfund an einen anderen Händler weiter, einschließlich zweitem Reserverad und Kühlerabdeckung. MS 3942 ging im Dezember 1931 für 1175 Pfund weg; 350 Pfund weniger erzielte der gleiche Wagen beim Wiederverkauf nur neun Monate danach. SM 3915 mit einer 2/3-sitzigen Karosserie von Gurney Nutting war zum gleichen Zeitpunkt — nagelneu! — für nur 950 Pfund zu haben. Aus zweiter Hand vermittelte Barclay's im Februar 1931 SM 3908 nach Newcastle-on-Tyne für 495 Pfund. Noch 1950 konnte man einen Blower Bentley für nur 600 Pfund Sterling bekommen — das waren umgerechnet 7500 Mark...

Links: Birkins Wagen Nr. 1 UU 5871 beim TT-Rennen 1929 mit Harrison-Aufbau. Der Wagen hatte einen der ersten vier von Villiers gebauten Kompressoren. Birkin war Zweitschnellster, aber nur 11. nach der Handicapformel.

Hatte sich W. O. auch noch so sehr gegen den Kompressorwagen gesträubt — im Herbst 1929 ging dieser in Cricklewood in Produktion. Birkin, sekundiert von Barnato, hatte sich durchgesetzt; Sporterfolge sollten ihn verkaufen helfen. Eine erste Serie von 25 Stück mit den Chassisnummern SM 3901 bis SM 3925 wurde aufgelegt. Alle Konstruktionszeichnungen trugen in der ersten Phase vor ihren Nummern ein E (experimental); für die endgültige Bauausführung stand dann ein A. Detailzeichnungen versah man mit dem Prefix BM. Auf langen Listen waren alle Teile aufgeführt, aus denen sich der komplette — unkarossierte — Wagen zusammensetzte. Da man bei Bentley Motors in der Hauptsache die Montage durchführte und viele Fertigungsgänge außer Haus vorgenommen wurden, gingen an die entsprechenden Firmen komplette Sätze der Blaupausen hinaus. Bei Stirling Metals wurden Teile gegossen, bei ENV und David Brown Zahnräder angefertigt, bei G. Turton Platts Schmiedearbeiten durchgeführt. Die Fahrgestelle ließ man bei einer Firma in Schottland produzieren. Beim Depotverwalter Conway trafen die Komponen-

ten in Cricklewood ein; von dort gingen sie in die verschiedenen Montage-Shops.

Die ersten 25 Serienwagen stattete man noch mit jenen zuvor beschriebenen Kompressorgehäusen aus, die im Rennbetrieb zwar Probleme gezeitigt hatten, bei normalem Straßeneinsatz aber zu keinen Klagen Anlaß gaben. Die Vergaser kamen von SU und waren vom Typ HVG5. Die Kompression hatte man etwas zurückgenommen. Drei Sicherheitsventile gab es, um beim Auftreten von Fehlzündungen zu verhindern, daß der Kompressor »Gegendruck« von oben bekam: eines saß ganz unten am Steigrohr beim Kompressor, die anderen beiden am oberen Ende des Rohres im Einlaßkrümmer. Choke-, Hand- und Pedalgasgestänge bildeten ein kompliziertes Gewirr und waren ein Alptraum für den Mechaniker, der sie regelmäßig an den zahlreichen Gelenken zu schmieren hatte. Die einzigen Änderungen, die es während der kurzen Bauzeit des Blower Bentley gab, betrafen das Auswechseln des zum Teil doppelwandigen Kompressorgehäuses gegen

jenes mit der einfachen, verrippten Wandung (Chassisnummern MS 3926 bis 3950) sowie den Einbau eines größeren Benzintanks bei den letzten Wagen, der nun 113,5 statt wie bisher 73 Liter faßte. Wenn es im Normalbetrieb Probleme gab, dann nur mehr mit der Kühlung, im Falle man im Stadtverkehr sehr langsam zu fahren gezwungen war, oder mit einem gewissen Motorklingeln,

das sich ab und zu einstellte, aber zu beheben war, wenn man die Kompression noch eine Spur zurücknahm. 5,0 : 1 war die Regel, doch 4,5 : 1 erwies sich als vorteilhafter. Viele Eigner ließen sich auch niedrigere Kolben einsetzen. Bei kaltem Wetter sich einstellende Vergaser-Vereisung gab es zumindest bei jenen Wagen nicht, die mit der Abdeckung vor dem Kompressor versehen waren.

Kommerziell gesehen, war der Blower Bentley trotz der immensen Popularität eines Tim Birkin kein Erfolg. 1929 war seine Grundkonstruktion immerhin schon zehn Jahre alt, und sie basierte auf einer technischen Konzeption von 1914. Zudem befand sich die gesamte westliche Welt im Strudel der großen Wirtschaftskrise, die Bentley wie die meisten anderen Automobilhersteller in voller Härte zu spüren bekam. Und jene, die es sich dennoch leisten konnten, einen teuren Kompressor-Bentley zu kaufen, hatten Vorbehalte gegen Aufladung (wie der Firmenchef selbst) oder fanden es nicht gesellschaftsfähig, mit einem solchen Auto vorzufahren. Etwa 40 Blower Bentleys wurden vom Oktober 1929 bis zum Juli 1931 abgesetzt, im Vergleich zu 80 Speed Six (von de-

nen insgesamt, ab Oktober 1928, 182 Stück hergestellt wurden).

Die Chassisnummern der Produktion belegen, daß man in Cricklewood exakt jene 50 Exemplare des Blower baute, die für eine Le-Mans-Zulassung in der Serienwagen-Kategorie notwendig waren. Da man zu Test- und Ersatzzwecken aber einige zusätzliche Motoren benötigte, übertraf deren Anzahl die der Fahrgestelle. So lautete die Motornummer des letzten Aggregats nicht MS 3950, sondern MS 3953. Dies macht deutlich, daß man nicht geneigt war, eine weitere Serie von 25 Stück mit neuer Serienbezeichnung aufzulegen, wie es bisher Usus gewesen war (selbst beim 8 Liter hatte man zu solchen Zwecken eine neue Motorenreihe gebaut, die mit YH begann, ebenso beim 4,5 Liter Saugmotor, deren Prefix VP lautete). Nun, die schwachen Verkaufszahlen redeten eine deutliche Sprache. Alle Wagen bis auf sechs wurden übrigens mit offenen Karosserien versehen, meist von Vanden Plas. Zu dieser Firma pflegte

»1930 gehörte der 4,5 Liter Bentley Kompressorwagen mit 1720 Pfund Sterling (offener Tourer) zu den neun teuersten Automobilen im Lande. Und zwei weitere Wagen dieser Kategorie waren ebenfalls Bentleys: Der 6,5 und der 8 Liter. Nur 20 Prozent der Spitzenklasse-Autos waren noch Vierzylinder, und weniger als 10 Prozent hatten einen nicht abnehmbaren Zylinderkopf.« (Autocar)

Bentley besonders gute Beziehungen; auch alle Wettbewerbswagen wurden von ihr karossiert. Für geschlossene Aufbauten eignete sich der Vierzylinder Bentley auch nicht; sie neigten zum Dröhnen. So wurden auch alle sechs geschlossenen Blower Bentleys, soweit noch existent, später zu Tourern umkarossiert.

THE SUPERCHARGED 4½ LITRE MODEL

Designed for the super-sporting enthusiast

 AS the result of experiments extending over a long period the Company has decided to produce a super-charged edition of the famous 4½ Litre Model. The additional unit obviously enhances the car's performance but this is of such a high standard on the ordinary chassis, that the appeal of the new type will be to the super-sporting enthusiast whose delight it is to possess just that "little bit extra."

The engine has of course been altered in many respects in order to deal reliably with the increased power provided.

The crankshaft is of a new and heavier design and the crankcase has been strengthened. A different type of camshaft is employed while special con rods giving greater strength are adopted with special pistons designed to dispense the extra heat necessarily generated.

The drive of the supercharger is taken from the front of the crankshaft through fabric joints to one shaft of a twin-rotor Roots-type Blower which is fitted in an aluminium casing between the front dumb irons below the radiator, which has been redesigned for the purpose.

The super-charger is arranged so that the lubrication system of the engine feeds the gear wheels which drive one rotor shaft from the other and also supplies enough for the rotor blades themselves.

Two carburettors are fitted on one side of the casing through which the super-charger obtains mixture and expels it on the other side under pressure to a pipe carried right up to the intake ports of the cylinder block. A series of spring loaded safety valves are arranged in the inlet pipes in order to safeguard it and the supercharger should a blow back occur.

Twin S.U. Carburettors are employed, a Revolution Counter is included, and 33 × 6.00 tyres are fitted. The back axle ratios are 3.3 to 1 or 3.53 to 1.

In other respects the specification is the same as that of the Standard 4½ Chassis on page 14.

In accordance with usual Bentley policy this model has been tested in road races during 1929, and as results show, has proved to be highly satisfactory.

The supercharger is the " Amherst Villiers Mark IV."

Historische Perspektiven

Das Presse-Echo auf das Erscheinen des Blower Bentley läßt sich im Nachhinein vielleicht als manchmal etwas zurückhaltend bezeichnen, oft auch als enthusiastisch, zumindest aber stets als wohlwollend. Alle waren sich einig, daß dieses Auto leicht über 165 km/h ging und im Grunde keinerlei Allüren hatte. *Motor Sport* schrieb im Januar 1931: »Mit dem Kompressor läßt sich der Bentley bemerkenswert gut beschleunigen. Wenn man eine freie Strecke vor sich hat und so schaltet, wie es sich gehört, legt der Wagen seinen Schafspelz ab und macht deutlich, daß er von reinrassigen Rennern abstammt.« Fazit: »Der Kompressor-Bentley ist etwas für den Kenner und beweist, daß man in diesem Lande noch Autos zu bauen versteht, die sich erfolgreich mit den besten der Welt messen können!«

Der im April 1930 im *Motor* erschienene Bericht begann mit den Worten: »Das Rezept geht so: Man nehme ein kräftiges Chassis, setze einen volumigen Vierzylinder hinein, füge einen Kompressor hinzu, eine offene Karosserie mit umlegbarer Scheibe — und schon hat man einen Wagen, der im direkten Gang von 15 bis 170 km/h zu beschleunigen vermag, nämlich den 4,5 Liter Blower Bentley.« Beeindruckt war man aber nicht nur durch Elastizität und Tempo, sondern auch von den guten Bremsen. Man habe so gute Ergebnisse erzielt, daß man einige Bremstests wiederholte, um sich zu vergewissern, keine Meßfehler begangen zu haben. Aus 80 km/h habe der Bremsweg nur knapp 25 Meter betragen. »Man darf den Kompressorwagen als einen großen Erfolg bezeichnen, und er ist zweifellos dazu auserkoren, dem Namen seiner Hersteller große Ehre zu machen.«

Im September 1930 stellte die Zeitschrift *Autocar* ihren Lesern den Blower Bentley vor: »Eine immense Kraft, die aber leicht zu beherrschen ist... « — und am Schluß hieß es: »Ein höchst individuelles Automobil, das alle Sympathie verdient, gleich, von welchem Standpunkt aus man es betrachtet.« Sämtliche Testberichte bestätigten die Zuverlässigkeit des Fahrzeugs und seine Qualitäten, doch schien einigemale durch, daß man von einer im Rennsport so erfahrenen Firma wie Bentley einen vielleicht etwas moderneren Wagen erwartet hätte.

Aber es fiel schwer, den Blower Bentley mit einem anderen zeitgenössischen Wagen direkt zu vergleichen. Was Bugatti und Alfa Romeo boten, waren zwar ebenfalls schnelle Sportfahrzeuge, aber keine ausgewachsenen Tourenwagen mit vier Sitzen. Allenfalls bot Mercedes-Benz vergleichbare Fahrzeuge an, in Gestalt

der formidablen, aber mit größeren Sechszylindern versehenen SS und SSK — sie gaben sich ebenso massiv wie der Kompressor-Bentley und hatten trotz vieler Gegensätzlichkeiten eine Menge gemein. Was den Gebrauch des Kompressors betraf, so war der Mercedes empfindlicher; dem Fahrer wurde empfohlen, unter Vermeidung heikler Schäden den Lader stets nur kurzzeitig in Betrieb zu nehmen. Auch machte der Mercedes-Kompressor einen Höllenlärm, während man den Lader des Bentleys nur als leises Pfeifen im Bereich der Vergaser-Ansaugstutzen vernahm. Aber auch ohne die auf maximal 15 Sekunden begrenzte Zuschaltung des Laders, wenn der große Sechszylindermotor als normaler »Sauger« lief, war der Mercedes ein Kraftpaket. Im übrigen vollzog sich die Aufladung nicht in gleicher Weise: Beim Bentley saugte der Kompressor das Gemisch aus den Vergasern und schickte es verdichtet in den Ansaugkrümmer, während der Mercedes-Verdichter dem Vergaser vorgeschaltet war und komprimierte Luft in ihn hineinpreßte, wenn man das Gaspedal bis zum Anschlag durchtrat.

Leistung und Fahrkomfort paarten sich beim Kompressor-Bentley wie bei kaum einem anderen Fahrzeug dieser Größenordnung. Aber die Tatsache, daß kein anderer Hersteller ein direkt vergleichbares Fahrzeug auf den Markt brachte, macht deutlich, daß für derlei Automobile wohl auch kein Bedarf zu sein schien.

Weitere Rennsport-Aktivitäten

Das letzte große Rennen des Jahres 1929 waren die 500 Meilen von Brooklands. Diese Veranstaltung war »gestrippten« Rennwagen vorbehalten, die damals zu den schnellsten der Welt zählten. Man fuhr höhere Schnitte als in Indianapolis. Tim Birkin hatte seinen Wagen Nr. 1 von Vanden Plas mit einer neuen, knapp zweisitzigen Leichtbau-Karosserie versehen lassen. Das Auspuffrohr verlief außenbords, was W. O., der den Wagen vor dem Start inspizierte, zu Kritik veranlaßte: Ihm schien der Abstand zur Karosserie zu gering. Und er behielt recht — Birkin schied nach 420 der 500 Meilen aus, weil die Karosserie, aus einem dünnen, mit Kunstleder bespanntem Holzgerippe bestehend, zu brennen begann.

Birkins Werkstatt in Welwyn hatte sich zu einem ansehnlichen Betrieb gemausert; er beschäftigte hier etwa 30 Mann. Nebenher arbeitete er als Gutachter und Berater in Kraftfahrzeugsachen, so daß einige seiner Angestellten sich auch durch Fremdaufträge bezahlt machten. Ferner ließ eine ganze Anzahl weiterer Bentley-Besitzer ihre Wagen bei Birkin warten und tunen, ver-

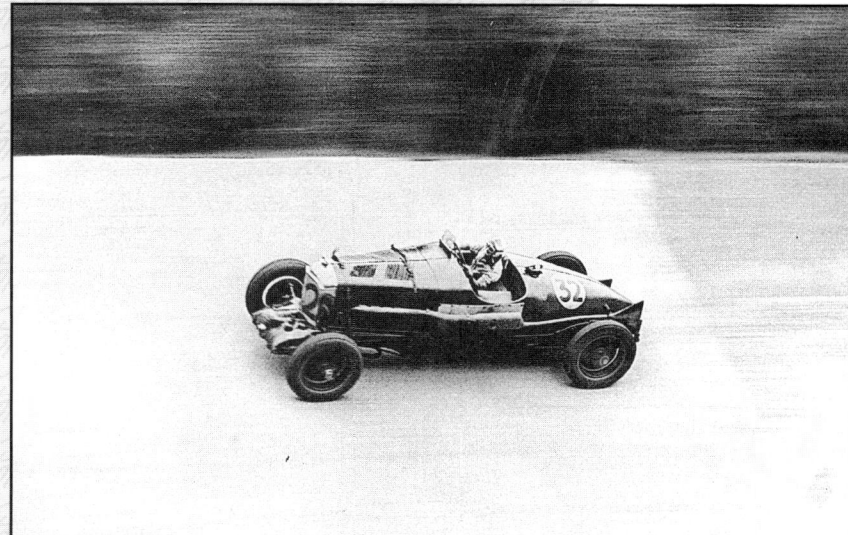

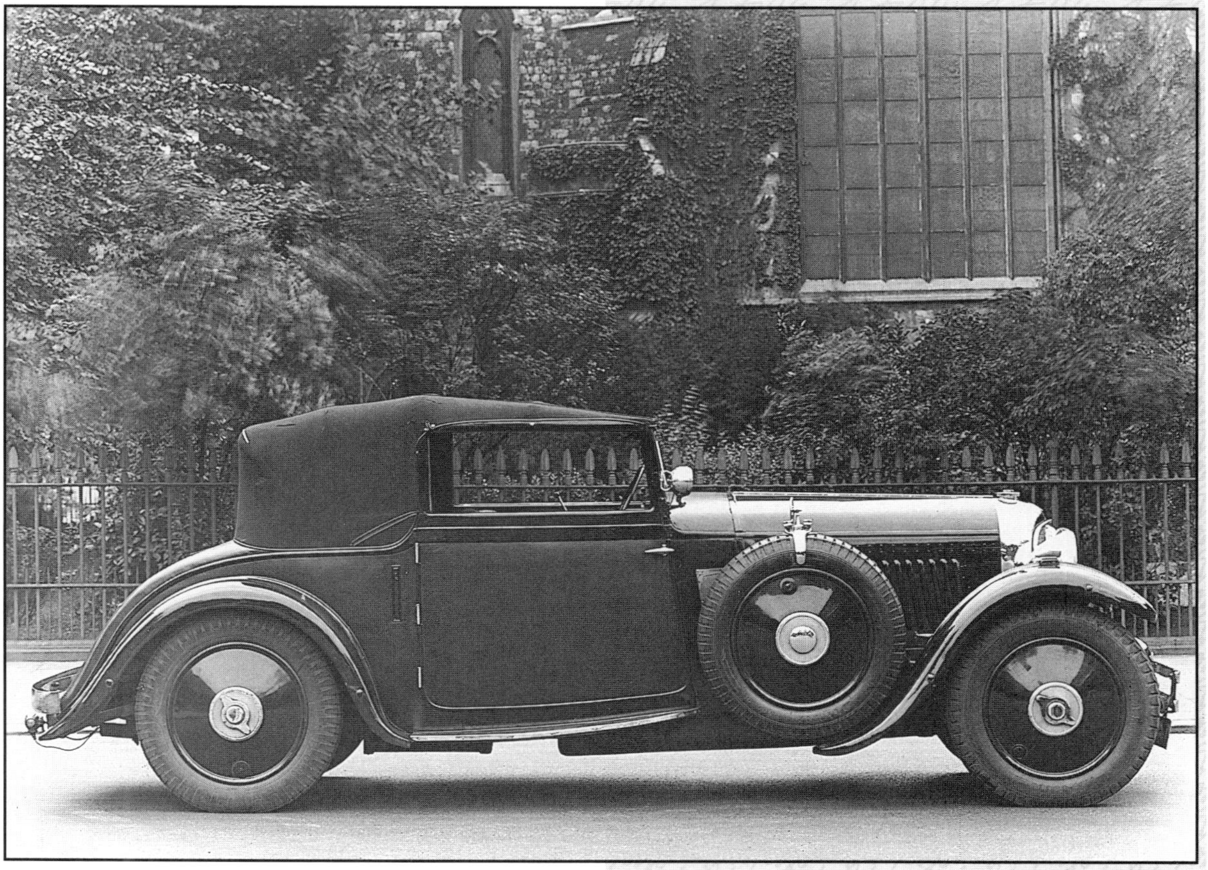

Diese Cabriolet-Karosserie von Gurney Nutting auf einem Blower-Chassis zeigt schon deutliche Züge der dreißiger Jahre. Es war der Wagen MS 3931 mit dem Kennzeichen FS 1179.

Unten: Birkin im rekarossierten Wagen Nr. 1 bei den 500 Meilen von Brooklands 1929. Der im Verlauf des Rennens glühheiß gewordene Auspuff verursachte einen Brandschaden am Wagen, dessentwegen Birkin das Rennen abbrechen mußte.

schiedentlich wurden Fahrzeuge ganz nach »Birkin Team Car Specification« modifiziert.

Vermutlich kostete Birkin der Betrieb weitaus mehr als er einbrachte. Auf der Suche nach Sponsoren für seine Rennerei hatte er Dorothy Paget kennengelernt, wohlhabende Tochter des Lord Queenborough und anfänglich Pferdenärrin. Ihr übertrug Birkin seine Leidenschaft für schnelle Automobile, und da das Mädchen über ein Taschengeld von mehr als 100 000 Pfund pro Jahr verfügte, war sie ein idealer Partner für seine Aktivitäten. Mit der gleichen Großzügigkeit, mit der Woolf Barnato W. O. Bentley unterstützte, engagierte sich the Hon. Miss Paget für Tim Birkin, doch in beiden Fällen endete die Liaison noch im Verlauf des Jahres 1931.

Unter Dorothy Pagets Patronat wurde der durch Brandschaden in Mitleidenschaft gezogene Brooklands-Bentley UU 5871 bei Thomson & Taylor wieder aufgebaut, diesmal als reiner Monoposto. Den zweiten Wagen mit der Nummer UU 5872 unterzog man einer Chassis-

Verkürzung, und einen neuen, als Nr. 4 bekannten Kompressorwagen UR 6571 baute man dazu als identisches Schwesterfahrzeug auf. Die Chassis bezog Clive Gallop von der Firma Mechans in Glasgow, wo auch alle Serienrahmen für Bentley angefertigt wurden. Birkins Fahrgestelle wiesen einen Unterschied auf: Sie waren geschraubt statt genietet. Bentley hatte Birkin gestattet, bis zu 25 Fahrgestelle dieser Art zu bestellen; ihre Numerierung war mit HR 3976 (das war die Nummer des Wagens Nr. 4) bis HR 4000 festgelegt. Natürlich konnte Birkin diese Option nie nutzen. Trotz der grundsätzlichen Kontroversen verstanden sich Birkin und Bentley recht gut, und das Publikum sah jeden Birkin-Wagen als »echten« Bentley an. So war W. O. auch viel daran gelegen, daß Birkin im Motorsport Erfolg hatte — sein Unternehmen konnte davon nur profitieren.

Birkins Kompressor-Bentley Nr. 4 erhielt das Wappen der Pagets oberhalb des Bentley-Markenzeichens auf dem Kühler. Zusammen mit dem Monoposto brachte man ihn im März 1930 zum Brooklands-Ring. Der Einsitzer sollte am Ostermontag hier Furore machen: Mit einem Schnitt von 217,75 km/h brach er sämtliche bisher aufgestellten Rundenrekorde.

Die drei anderen Wagen YU 3250, UU 5872 und UR 6571 wurden zum Double Twelve Hours Race am 9./10. Mai 1930 gemeldet. Im Unterschied zum Le-Mans-Rennen fuhr man diesen Wettbewerb in je zweimal zwölf Stunden von 8 Uhr morgens bis 8 Uhr abends — Nachtfahrten waren mit Rücksicht auf die benachbarte Wohngegend nicht gestattet. Schon nach der ersten Runde lagen alle sechs im Rennen befindlichen Bentleys vorn; Birkin fuhr einen Schnitt von 156 km/h. Leider mußte Jack Dunfee auf YU 3250 am Nachmittag mit Ventilbruch aufgeben, und Birkin schied später mit Rahmenbruch aus. Dr. Benjafield auf UR 6571 schlug die Schicksalsstunde am zweiten Renntag: sein Blower Bentley erlitt einen Schaden am Differential. Eigenhändig schob er sein Auto um den halben Ring bis zu den Boxen, wo man ein gebrochenes Zahnrad zutage förderte. Ein Werks-Bentley des 6,5-Liter-Typs wurde schließlich als Sieger abgewunken, gefolgt von einem zweiten Speed Six.

Die gleichen drei Birkin-Bentleys wurden für das Le-Mans-Rennen gemeldet, das am 21. und 22. Juni stattfand. Birkin kam von seinem Caracciola-Trauma nicht los: Ihn fürchtete er am meisten. Zudem gab es Schwierigkeiten mit dem französischen Benzin, das den Bentleys offensichtlich nicht bekam: Die Motoren wurden zu heiß. YU 3250 fiel schon im Training aus, und nur durch die freundschaftliche Assistenz einer örtlichen Werkstatt ver-

Der Blower Monoposto hatte, wenn man ihn mit Vollgas fuhr, einen Kraftstoffverbrauch von 3,7 Litern in 60 Sekunden. Nach der Montage von 62-mm-Fallstromvergasern erhöhte sich der Konsum auf etwa 4,6 Liter pro Minute. Anders ausgedrückt: Der Wagen verbrauchte, im Renntempo um 195 km/h bewegt, 142 Liter Sprit auf 100 Kilometer.

Walter Hassan: »Nach meiner Ansicht war Tim Birkin der beste Fahrer seiner Generation. Man kann ihn mit Jim Clark oder Stirling Moss vergleichen.«
Leslie Pennal: »Vor einer Kurve riß er die Handbremse an, wechselte blitzschnell den Gang, gab in der Leerlaufstellung kurz mit Spitze-Hacke-Technik Zwischengas, ließ die Handbremse wieder frei und jagte mit Vollgas aus der Kurve heraus. Das hatte noch niemand vor ihm so gemacht, und er beherrschte diese Technik so perfekt, daß man sie kaum mitverfolgen konnte. Birkin war einmalig, ein wundervoller Fahrer, ein Mann ohne Nerven!« (Elizabeth Nagle: The Other Bentley Boys, Harrap & Co., 1964). Hassan und Pennal waren Bentley-Rennmechaniker.

mochte man die Motoren der anderen beiden Birkin-Wagen so herzurichten, daß sie eine geringere Kompression erhielten und an den Start gehen konnten. Chassagne ließ Birkin zuerst fahren; der drehte mächtig auf, überholte den Caracciola-Mercedes mit über 200 km/h kurz vor dem Ende der Mulsanne-Geraden teils auf dem Grünstreifen, wo er sich einen Reifen zuschanden fuhr, und versuchte ihn zum Überfordern seines Kompressors zu verleiten. Das wäre ihm beinahe gelungen — hätte er nach 138 Runden nicht selbst mit einem gebrochenen Pleuel aufgeben müssen.

Den anderen Wagen steuerten Benjafield/Ramponi, und auch sie hatten Pech: Nach sechs weiteren Runden fiel ihr Wagen wegen Kolbenschadens aus. Dennoch wurden die 24 Stunden von 1930 ein Bentley-Erfolg: Zwei Speed Six belegten die ersten beiden Plätze.

Es war dies der letzte offizielle Einsatz des Bentley-Werksteams. Daß sich Bentley Motors vom Rennsport zurückzug, hatte mehrere Gründe. Zum einen hätten sich die bisher errungenen Erfolge kaum noch steigern lassen können, zum anderen war einfach kein Geld mehr da. Die Firma Bentley befand sich in größten finanziellen Nöten. Dies tangierte Tim Birkin nicht; er war wirtschaftlich unabhängig, solange er sich der Gunst Dorothy Pagets erfreuen konnte, und so meldete er zum Irish Grand Prix in Dublin für den 19. Juli seine drei Fahrzeuge. Das Fahrerteam bestand aus ihm selbst, Jean Chassagne und Beris Harcourt-Wood. 70 Runden waren zu fahren, und gegenüber den drei großen Mercedes-Benz wurden den drei Bentleys zwei Runden nach der Handicap-Regelung gutgeschrieben. Doch schon im Training traten bei den Wagen von Harcourt-Wood und Chassagne Probleme mit der Motorschmierung auf, so daß sich das zu erwartende Duell ganz auf Caracciola — Birkin zuspitzte. Sie lieferten sich ein hartes Rennen, bis auch Birkin aufgab: Sein über und über mit Motoröl bespritzter Wagen ließ erkennen, daß es ihn wie seine Teamkollegen erwischt hatte... immerhin wurde er nach zwei Mercedes und einem Alfa als Vierter gewertet.

Wenn jemand unglücklich war über solche Pannen, dann war es Dorothy Paget. Sie ließ Birkin wissen, daß sie ihn die nächste Rennsaison nicht weiter unterstützen würde, falls seine Pechsträhne anhielt. Zunächst aber erschienen die drei Birkin-Rennwagen zur TT in Belfast am 23. August. Abermals war Mercedes der große Herausforderer, aber auch die Alfa Romeo waren schnelle Gegner. Birkin/Whitlock und Benjafield/Chassagne starteten in den Wagen mit kurzem Chassis, Bertie Kensington-Moir und sein Mechaniker fuhren den Wagen mit langem Radstand. Birkin hätte ein leichtes Spiel gehabt, da man Caracciolas Mercedes disqualifizierte (er fuhr mit einem nicht homologierten, größeren Kompressor!) — hätte er sich nicht von seinem Beifahrer Whitlock ablenken lassen, der irgend etwas Wichtiges am Fahrzeugboden entdeckt zu haben glaubte. Ein Moment der Unaufmerksamkeit genügte, und Birkin landete an einem Telegrafenmast, dann an einer Grundstücksmauer. Für ihn war das Rennen zu Ende. Kensington-Moir kam auf Platz Elf, Benjafield/Chassagne hatten in der vorgeschriebenen Zeit nur 27 von 30 Runden absolviert. Den Sieg holte sich Alfa Romeo.

Mit dem Wagen UR 6571 begab sich Birkin im September an den Start zum französischen Grand Prix nach Pau. Es gab keine Klasseneinteilung, sondern nur ein Verbrauchslimit — jeder fuhr gegen jeden. Mit gut 215 km/h Spitzentempo war der Bentley ebenso schnell wie die Bugatti und Delage, nur war sein Gewicht mit zwei Tonnen doppelt so hoch. Nach einem spannenden Rennen vermochte sich Birkin nach Philippe Etancelin auf Bugatti als Zweiter zu klassieren. Der Franzose hatte,

von Birkin gejagt, es in Kauf genommen, einen Boxenstop auszulassen — mit dem allerletzten Tropfen Benzin rollte er als Sieger durchs Ziel. Um Haaresbreite hätte er den Triumph dem Briten überlassen müssen.

Nur noch ein einziges Mal trat das Birkin-Team in Erscheinung, und zwar beim 500-Meilen-Rennen im Oktober 1930. Die Fahrzeuge mit kurzem Radstand steuerten Eyston/Harcourt-Wood und Hall/Benjafield, während Birkin und Duller sich im Monoposto ablösten. Der erstgenannte Wagen mußte schon bald wegen eines Defektes am Zündmagneten aufgeben, auch der Motor des Monoposto litt unter ständigen Fehlzündungen. Nur Eddy Hall und Dr. Benjafield drehten zügig mit 200 km/h ihre Runden. Nach der Handicap-Formel wurde schließlich ein kleiner, von Sammy Davis und dem Earl of March gesteuerter 750 ccm Austin Seven Sieger, der Bentley Zweiter. Es war der Schwanengesang des Birkin-Bentley-Teams.

Wie angekündigt, löste Miss Paget ihr Versprechen ein und drehte den Geldhahn zu. Tim Birkin mußte sich einen neuen Partner suchen und war auf Mike Coupers gestoßen, der zwar finanziell nicht so gutgestellt war wie Dorothy, aber ein Weiterbestehen der Firma ermöglichte. Aus diversen Ersatzteilen entstand ein fünfter Birkin-Wagen (UR 9155), den man verkaufte, um etwas zusätzliches Geld in die Kasse zu bekommen. Im Mai 1931 erschien dann ein Inserat in *Motor Sport*, in welchem sämtliche Teamfahrzeuge zum Verkauf offeriert wurden. Den Monoposto hatte sich allerdings Dorothy Paget gesichert; sie behielt ihn bis 1939, erlaubte Birkin aber, ihn nach Bedarf zu benutzen. Birkin machte davon ein paarmal Gebrauch, wandte sich jedoch der Marke Maserati zu; mit Lord Howe teilte er sich einen Wagen, mit welchem sie 1931 in Le Mans sogar den Gesamtsieg errangen. Daß es kein englisches Auto war, grämte Birkin um so mehr, als er ausgerechnet von Mussolini ein Telegramm erhielt, worin ihm jener »zu dem großartigen Sieg für Italien« gratulierte!

Auf der Olympia Motor Show im Oktober 1930 standen zwei Blower Bentleys, beide mit Aufbauten von Vanden Plas. Auf dem Bentley-Stand war ein offener, viertüriger Tourer zu sehen, bei Vanden Plas ein Coupé. Noch kostete das unkarossierte Fahrgestell 1450 Pfund, im Januar aber nur mehr 1150 Pfund. Für einen offenen Sportzweisitzer verlangte man Anfang 1931 statt 1840 nur noch 1515 Pfund Sterling.

Man muß sich vergegenwärtigen, daß damals, lange nach Produktionsende, niemand Geld oder auch nur das Interesse hatte, einen solchen Wagen mit im Grunde veralteter Technik zu kaufen. Kein Wunder, daß die

Kompressor-Bentleys Anfang der dreißiger Jahre beinahe in Vergessenheit gerieten. Der Bentley Drivers' Club hat sich sehr bemüht, das Schicksal aller Kompressor-Bentleys zu recherchieren, siehe auch Seite 68 bis 71. Stanley Sedgwick heißt der Mann, der als BDC-Präsident lange Jahre an dieser Dokumentation arbeitete und sie in einer BDC-Monographie veröffentlichte. Es ist nur fair, darauf in aller Deutlichkeit hinzuweisen. Ebenso bemerkenswert ist die Tatsache, daß über alle Vintage-Bentley-Aktivitäten umfangreiches Material existiert, das dem Interessierten einen weitaus tieferen Einblick in die Geschehnisse jener Jahre vermittelt, als dieses Buch es vermag. Man ist gut beraten, sich in die Lektüre alter Zeitschriften der späten zwanziger und frühen dreißiger Jahre zu vertiefen, will man aus zeitgenössischer Sicht etwas über die damaligen Rennen erfahren, in denen der Bentley mit (und ohne) Kompressor eine Rolle spielte. Allerdings war es überwiegend die britische Motorpresse, die über den »Blower Bentley« wirklich ausführlich berichtete. Hinweisen möchte ich in diesem Zusammenhang auch auf das von Elizabeth Nagle 1964 veröffentlichte Buch *The other Bentley Boys*. Miss Nagle war langjährige Sekretärin des Veteran Car Club of Great Britain (VCC) und Besitzerin eines gepflegten Three Litre; sie versteht — das darf man ruhig sagen —

von historischen Automobilen eine ganze Menge. Und die Lady kann schreiben! Ihr Buch dokumentiert die Rennszene der Vintage-Zeit ganz hervorragend. Jeder der Bentley-Rennfahrer jener Ära wird charakterisiert, und kein Geringerer als W. O. schrieb sogar das Vorwort für jenes Buch, das heute eine bibliophile Rarität geworden ist.

Das Ende

Im Juli 1931 meldete die Firma Bentley Motors Konkurs an, nachdem die Umsätze fast auf Null gesunken waren und Woolf Barnato sich nicht mehr in der Lage sah, weitere Gelder einzuschießen. Man hatte noch einen letzten Versuch mit einem 4 Liter Sechszylinder gewagt, der aber ebenso wenig gefragt war wie die anderen Modelle, denen er äußerlich glich.

Nach ersten Übernahmeverhandlungen der Firma Bentley Motors mit dem Flugmotorenhersteller Napier überraschte Rolls-Royce die Branche mit der Tatsache, durch einen geschickten Coup Napier zuvorgekommen zu sein. Unmittelbar darauf wurde das Werk in Cricklewood geschlossen, alle noch vorhandenen Fahrzeuge und Teile an Jack Barclay veräußert. Darunter befanden

Autofolio

sich auch acht Blower Bentleys, von denen sieben at-
traktive Cabriolet-Karosserien von Vanden Plas bekamen. Nach und nach wurden sie verkauft, der letzte erst
im Juli 1932. Rolls-Royce setzte den Bau der Vintage-
Wagen nicht fort, sondern kam erst 1933 mit einem neu
konstruierten Bentley auf dem Markt, dem 3,5 Liter Six,
gebaut in Derby. Mit Kompressoren wurde zwar experi-
mentiert, aber weit gediehen diesbezügliche Versuche
nicht.

Postskriptum

Tim Birkin bestritt mit dem Monoposto noch einige
Rennen, bis er — 37jährig und für alle unerwartet —
1933 an den Folgen einer Blutvergiftung starb. In Brooklands hatte er mit 221,98 km/h noch einen neuen Rundenrekord aufstellen können, ein Wert, den nur zwei
Fahrzeuge später geringfügig überboten: der Barnato-
Hassan Special und der Napier-Railton Rekordwagen.
Diese waren aber für Hochgeschwindigkeits-Rennen
eigens gebaut worden, während der Birkin-Monoposto
ja mehr oder weniger auf einem normalen Tourenwagen
basierte.

Seine letzten beiden Lebensjahre, während der er
auch seine Biographie schrieb, verliefen für Birkin nicht
sehr erfreulich. Sein Team bestand nicht mehr, Dorothy
Paget hatte ihm ihre Gunst entzogen, Bentley war bankrott. 1931 war sein Vater gestorben, auch hatte sich
seine Partnerschaft mit Mike Couper als unglücklich er-
wiesen. Der Wagen Nr. 4 (UR 6571) war nach Frankreich
verkauft worden; dort setzten ihn Pierre Brousselet
(»Mary«) und Jean Trevoux 1932 in Le Mans ein, doch
sie kamen nur sieben Runden weit. 1933 versuchte es
Trevoux erneut, schied aber schon in der ersten Runde
aus. Wagen Nr. 3 hatte Richard Murton-Neale erworben,
der mit dem Fahrzeug einigemale in Brooklands auf-
kreuzte.

Die Identität der Birkin-Bentleys verlor sich eine Zeit-
lang im Dunklen. Der Wagen mit dem langen Radstand
wechselte sein Kennzeichen von YU 3250 in JH 3115,
auch die Wagen Nr. 2 und 4 bekamen im Lauf der Zeit
andere Nummern. Der Monoposto tauchte nach dem
Kriege mit dem Kennzeichen NUL 618 auf — seine Ori-
ginalnummer UU 5871 hatte man einem Milchliefer-
wagen in Irland zugeteilt...

Viele Vintage-Bentleys wurden wegen der hohen
Steuern während der dreißiger Jahre abgemeldet. Doch
kaum einer der Kompressorwagen wurde etwa ver-
schrottet, nur wenige zerlegt. Von vier Wagen weiß man,
daß sie noch vor dem Kriege ihrer Kompressoren ent-
ledigt wurden. Aber erst in den späten Vierzigern begann man, sich dieser Autos wieder intensiver anzunehmen, vor allem, weil der Bentley Drivers' Club (BDC)
ihnen in Clubrennen eine Chance gab. Am Steuer des
Wagens Nr. 5 (UR 9155) machte Alick Pitts in den Brigh-
ton Speed Trials Furore, und als Harry Rose die Restaurierung des Wagens YU 3250 in den sechziger Jahren
abgeschlossen hatte, zeigte sich, daß der Bolide noch
immer für 193 km/h gut war. Es kam so etwas wie eine
Birkin-Team-Car-Mode auf; etliche Fahrzeuge wurden
nach historischen Vorbildern als Replicas aufgebaut
(zum Beispiel von Elmdown Engineering) und erzielten
selbst in dieser Nachbau-Ausführung schon 1972 beachtliche Preise. Seither ist der Wert eines echten Vintage Bentley unaufhaltsam in die Höhe geklettert.

Mehr als 40 der insgesamt 50 gebauten Serien-
Blower-Bentleys sind im Register des Bentley Drivers'
Club erfaßt. Stanley Sedgwick, einer seiner früheren Prä-
sidenten, hat ihre Wege gründlich recherchiert. Allerdings
fertigt eine britische Firma seit neuestem Kompressoren nach Originalmuster an, und etliche 4,5 Liter hat
man damit nachträglich versehen. Es ist anzunehmen,
daß es bald mehr Kompressor-Bentleys geben wird, als
Cricklewood je verlassen haben.

MODELLVERGLEICH

Mehrere Bentleys standen zur Wahl, um mit dem Blower-Modell verglichen zu werden. Ich entschied mich für einen 3 Liter, denn dieses Auto hatte zu Anfang der zwanziger Jahre für das gleiche Aufsehen gesorgt wie der Kompressorwagen am Ende jener Ära.

Aber es war nicht leicht, zwei möglichst gute, dem Originalzustand entsprechende Fahrzeuge aufzutreiben. Und sie sollten original sein, denn ein perfekt restaurierter Wagen mit vielen Neuteilen läßt sich erfahrungsgemäß nicht so gut wie ein alter Bentley früherer Zeiten fahren. In Tim Scotts und Ted Parkinsons Exemplaren hatte ich die richtigen gefunden; besser geeignete wären kaum aufzutreiben gewesen. Beide haben offene Vanden-Plas-Aufbauten nach Bentley-Vorgaben; die Karosserien waren nie (wie bei vielen anderen Fahrzeugen) ausgewechselt worden und weisen schöne Patina auf. Mit entsprechender Delikatesse wollen diese Bentleys behandelt sein, und ich war mir dessen durchaus bewußt.

Man muß alles vergessen, was ein Automobil unserer Zeit ausmacht. Ein Vintage Bentley ist eine Welt für sich. Das beginnt beim Einstieg. Der 3 Liter Tourer hat nur zwei winzige Türen, vorn links und hinten rechts. Die Karosserie besteht aus Aluminium über einem leichten Eschenholzrahmen und hätte bei vier Türen eine geringere Stabilität. So rutscht man über den Beifahrersitz zum Volant hinüber. Der 3 Liter ist ein hochbordiges Vehikel, man hat eine relativ hohe Sitzposition: der Kopf des Fahrers befindet sich rund 1,50 Meter über der Fahrbahn. So überblickt man den Verkehr mühelos. Die Sitze sind »bucket seats«, gar nicht unbequem, aber nur für schlanke Leute. Man könnte auch über die rechte Bordwand das Cockpit entern, aber solche Übungen sehen meist nicht sehr würdevoll aus. Vor sich hat man nun ein Lenkrad mit 40 cm Durchmesser (Rennfahrer legten damals auf größere, nicht kleinere Lenkräder wert) und einem Kranz, der mit Kordel umwickelt ist. Man hockt dicht davor und hat rechts enge Tuchfühlung mit der Karosserie. Das kleine Gaspedal (eigentlich nur ein Messingknopf) ist in der Mitte, flankiert von Kupplung und Bremse — auch daran muß man sich gewöhnen. Der Schalthebel liegt rechts neben dem Knie gut zur Hand (er ist einmal verlängert und gekröpft worden), während sich der Handbremshebel außenbords befindet.

Das Armaturenbrett weist all die Instrumente auf, die man früher erhalten konnte. In der Mitte dominiert ein Pumpenhebel, um Druck im Benzintank zu erzeugen; dafür gibt es ebenso eine Anzeige wie für den Öldruck. Ganz links liegt eine 8-Tage-Uhr von Smith's, dann kommen Tacho und Tourenzähler von AT sowie der Anlasserknopf. Weitere Instrumente zeigen den Stromhaushalt und die Kühlwasser-Temperatur an. Es gibt zwei herausziehbare Kartenlampen und last not least den Zündschalter mit zwei Knöpfen für die beiden Magneten und dem Chokeknopf in der Mitte. Das Licht schaltet man durch den gerändelten Ring des Ampéremeters

ein, in kleinen Fenstern wird angezeigt, ob die Seiten-
lampen oder die Hauptscheinwerfer leuchten. Im normalen »Speed Model« sahen die Armaturen ein wenig anders aus, viele hatten auch keinen Drehzahlmesser. Im
übrigen habe ich die Funktion der Instrumente beim
Fahren nicht oft im Auge gehabt, ich hatte mich auf andere Dinge zu konzentrieren!

Vor Betätigung des Anlassers stellt man den Zünd-
hebel in der Lenkradnabe auf »spät« und schiebt mit
einem zweiten dort befindlichen Hebel das Handgas auf.
Dann pumpt man Druck auf den Tank, etwa bis 1,5 psi
(das sind 0,1 at), schaltet die Zündmagneten durch Hin-
eindrücken der Knöpfe ein und betätigt mit dem Hand-
ballen den pilzförmigen Starterknopf. Sofort ist das typische Bentley-Gurgeln des Motors zu vernehmen. Um
den Wagen von der Stelle zu bewegen, stellt man die
Zündung in Richtung »früh«, kuppelt aus, legt den ersten
Gang ein, löst die Handbremse und läßt die Kupplung
wieder bei leichtem Gasgeben »kommen«.

Das geht mit der Konuskupplung wunderbar weich.
Beim Schalten sollte man sich daran gewöhnen, zweimal
zu kuppeln, also je einmal beim Herausnehmen das
Gangs in die Leerlaufposition und vor dem Einlegen in
die nächste Stufe. Das Getriebe ist mit einem moderner
Bauart nicht zu vergleichen; es weist keine Synchroni-
sation auf und muß deshalb absolut nach Drehzahl betätigt werden, sonst gibt es akustisch höchst unange-
nehmen Zahnsalat. Ich hatte nicht allzu viel Mühe, mich

Unten: Blick auf den 3-Liter-Motor. Unterhalb der Lenksäule erkennt man die Schwung-scheibe mit dem Starter-Zahnkranz. Rechts unten der Magnet. Spulenzündung setzte sich erst später allgemein durch.

an die Schaltung zu gewöhnen, zumal Ted ein guter Lehrer war. Letztenendes muß man das Gehör für den richtigen Schaltzeitpunkt haben, die Drehzahlen wie eine Melodie erkennen — dann schaltet sich das Bentley-Getriebe wie Butter.

Die Lenkung ist hoch übersetzt und sehr direkt. Mit dieser hohen Übersetzung, langen Lenkstockhebeln und den früher üblichen Wulstreifen hat sich der Wagen sehr gut dirigieren lassen müssen. Der Wagen fährt sich ausgezeichnet, der Motor klingt äußerst vertrauenerweckend, und man möchte ewig weiterfahren, wäre das Straßennetz der Insel Wight nur größer!

Beim Herunterschalten muß man wieder zweimal kuppeln, dazwischen eine Spur Zwischengas geben, je nach Verkehrssituation auch auf das Bremspedal treten — man wünscht sich drei Füße! Dem Anfängern fällt es schwer, sich auf eine solche Fahrtechnik einzustellen, und den Amateuren unter den Bentley-Teamfahrern erging es einst nicht viel anders. Kein Wunder, daß Birkin sich der Handbremse bediente, um den Kurve-rein-

Kurve-raus-Vorgang zu beschleunigen. Nur virtuos muß man dabei sein. Anfangs war ich nicht schnell und erfahren genug, um in den nächst niederen Gang zu »finden« — und durchrollte die angepeilte Kurve gemächlich im Leerlauf. Da die Handbremse außenbords liegt, kann man sie beim 3 Liter schwerlich während des Schaltens mitbedienen, und so bleibt einem nichts anderes übrig als mit dem linken Fuß die Spitze-Hacke-Pedaltechnik zwischen Kupplung und Gas zu üben, während man den rechten für die Bremse parat hat. Die Bremsanlage war bei meinem 3 Liter nicht ganz original: sie wies Servohilfe auf. Die Bremsen griffen gut, doch das Pedal hatte für meinen Geschmack einen sehr langen Weg. Ted meinte, das sei so in Ordnung.

Einmal mit dem Getriebe vertraut geworden, hat man am Lenkrad des 3 Liter Bentley nur Freude. Man sieht die lange Motorhaube vor sich, eingerahmt von den schlanken Kotflügeln und den Smith-Scheinwerfern vorn, genießt die gute Aussicht und den angenehmen Klang des Motors. Man darf nicht vergessen, hin und wieder Druck auf den Benzintank zu geben und fleißig die Pumpe zu betätigen. Sie muß bei einem 24-Stunden-Rennen harte Arbeit geleistet haben — und der sie zu bedienen hatte, ebenfalls.

Das Umsteigen auf den 4,5 Liter mit Kompressor unmittelbar nach dem Probegalopp mit dem 3 Liter war von besonderem Reiz. Man sitzt im Blower Bentley ähnlich wie in jenem, nur ist das Cockpit geräumiger, es gibt mehr Ellenbogenfreiheit. Die Sitze sind bequemer, besser gepolstert; das Lenkrad hat den gleichen Durchmesser, weist aber keine Ummantelung auf. In der Instrumentierung gleicht das Armaturenbrett dem des 3 Liter, doch sind Tourenzähler und Tacho von Jaeger, und es gibt eine kleine Ki-Gass-Pumpe, mit der man für den Start einen Spritzer Benzin in die Absaugkanäle befördert. Vorhanden sind auch zwei Schalter für die elektrischen Benzinpumpen, eine Kraftstoffanzeige von Hobson (die allerdings nicht funktionierte) und schließlich ein Manometer — ganz rechts — für den Kompressordruck. Eine Handpumpe für den Benzintank ist bei diesem Wagen dank der Elektropumpen nicht erforderlich. Das Getriebe (D-Box) weist einen kurzen Schalthebel aus rostfreiem Stahl auf und hat verhältnismäßig lange Schaltwege, insbesondere zum dritten Gang.

Die Startprozedur läuft genauso wie beim 3 Liter ab, nur daß man auf das Pumpen verzichtet und statt dessen die elektrischen Schalter hineindrückt. Das tiefe Blubbern des Kompressormotors ist eine Spur lauter und härter (der Schalldämpfer sieht auch aus, als habe er schon auf der Arche Noah seinen Dienst getan). Der

Geräuschpegel des Vierzylindermotors wird übertönt von einem leichten Pfeifton, der von den Ansaugstutzen der Vergaser herrührt, aber nicht stört.

Am Lenkrad des Supercharged Bentley spürt man zunächst keinen Unterschied zum 4,5 Liter mit Saugmotor. Alles scheint mit diesem identisch zu sein, auch die breitere und flachere Motorhaube als beim 3 Liter teilen sich beide Modelle. Erst wenn man Fahrt aufnimmt, spürt man den Unterschied sofort. Die Scheibenkupplung arbeitet ebenso leicht wie beim 3 Liter, doch schön beim Einlegen des ersten Gangs macht der Umsteiger einen Fehler: Er gibt zu wenig Gas. Andernfalls würgt man sofort die Maschine ab, was mir auch prompt passierte. Man rechnet nämlich nicht mit dem Verzögerungsfaktor, der durch den langen Ansaugweg vom Vergaser via Kompressor und Steigrohr bis zum Einlaßkrümmer besteht. Eine gute Sekunde länger dauert es, bis der Tritt aufs Gaspedal auch effizient wird und sich in höheren Drehzahlen auswirkt. Also nimmt man zu früh den Fuß wieder vom Accelerator. Umgekehrt bleibt der Druck um die gleiche Zeitspanne auch länger stehen, wenn man den Fuß vom Gas genommen hat. Das muß man sich gegenwärtigen, wenn man den Kompressorwagen fährt.

Der Kompressormotor liebt etwas höhere Drehzahlen, aber das Schalten vollzieht sich eine Spur zögerlicher als beim 3 Liter. Das schien mir kein Problem zu sein, nur verkennt man leicht, daß man stets sehr viel schneller ist, als man meint, wie ein Blick auf den Tachometer verrät. Und ab 100 km/h spielt der Kompressor seine Trümpfe aus, man verspürt den wahrhaft kräftigen Schub beim Gasgeben. Erstaunlich ist dabei die Elastizität der Maschine — dort, wo man den 3 Liter in den dritten Gang herunterschalten muß, kann man beim 4,5-Liter-Kompressormotor den direkten Gang noch lange stehenlassen. Nimmt man das Gas weg, wirkt nach der Verzögerungssekunde die Druckverminderung des Kompressors bremsend auf die Getriebe-Hauptwelle. Somit verlangt das Schalten hier noch mehr Präzision und Erfahrung als beim 3 Liter. Hinzu kam, daß es sich um ein Fahrzeug handelte, daß keine so hohe Laufleistung wie der 3 Liter aufwies und dessen Getriebe weniger verschlissen war, sich folglich auch etwas schwerer schalten ließ.

Die Lenkung war niedriger übersetzt und ließ sich etwas schwerer handhaben als beim 3 Liter. Gefühlsmäßig würde ich das etwas höhere Gewicht auf der Vorderachse dafür verantwortlich machen. Aber vielleicht ist die Lenkung bei einem 4,5 Liter ohne Kompressor genauso, mir fehlte der Vergleich. Bei langsamer Fahrt ver-

Der Kompressorwagen mit dem Kennzeichen GH 1932 war seit Ende der fünfziger Jahre bis 1989 nicht in Betrieb gewesen. Tim Scott holte das Auto aus den USA zurück und ließ es durch Dick Moss checken. Dick: »Viel taten wir am Motor nicht. Wir reinigten lediglich den Ölsumpf und füllten ihn neu auf. Von hier aus erhält ja auch der Kompressor seine Schmierung. Aber wenn ich gewußt hätte, daß Ted den Wagen richtig in Betrieb nehmen würde...« Tim Scott: »Wenn du bei 110 km/h weiter Gas gibst, setzt ein Boost wie bei einem Turbo ein. Leicht kommt man dabei auf einen Verbrauch von 50 Liter pro 100 Kilometer!« Ted Parkinson: »Ich habe nur einmal eine Probefahrt gemacht, und dann war mir klar: Solch ein Auto mußte ich einfach haben — sofort!«

»Royce möge mir vergeben, wenn ich seinen Wahlspruch auf den Blower Bentley variiere: Die Legende bleibt, wenn die Unzuverlässigkeit längst vergessen ist!«
(T. D. Holding in der BDC Review, Mai 1983)

Das Cockpit in Ted Scotts Kompressor-Bentley ist weitgehend im Originalzustand und zeigt, wie damals oft üblich, den Tachometer weit weg vom Fahrer auf — man verließ sich ohnedies kaum auf dieses Instrument und fuhr lieber nach dem Drehzahlmesser. Die Uhr ganz links in der Ecke ist ausgebaut.

meinte ich auch den längeren Radstand als nachteilig zu empfinden, der Wagen schien mir weniger wendig. Das Lenkrad will ordentlich gepackt sein, man muß das Auto regelrecht bezwingen — aber es gehorcht einem gern, und wenn man weiß, wie man im Scheitelpunkt einer Kurve mit dem Gas umzugehen hat, wird aus der Arbeit bald ein Vergnügen. Die Bremsen waren absolut original, der Pedalweg geringer als beim 3 Liter, und sie schienen mir kräftiger zuzupacken. Man muß zwar ein wenig stärker aufs Pedal steigen, aber ich hatte letztlich ein besseres Gefühl vor allem beim Mitmischen in dichtem Verkehr. Was immer andere vom Kompressor-Bentley sagten — ich fand den Wagen nach kurzer Eingewöhnung weich und angenehm zu fahren, die größere Schwungmasse der Kurbelwelle schafft Elastizität, man hat Drehmoment und Power. Es ist schwer, unmittelbare Vergleiche zwischen beiden Testwagen zu ziehen, denn so ähnlich sie im Grunde sind, so verschieden lassen sie sich handhaben. Schwierig ist dann wieder die Umstellung auf einen modernen Wagen mit der für uns heute üblichen Position des Gaspedals. Fast hätte ich beim Rangieren mit David Sparrows Citroën während unserer

Photo-Session einen Unfall gebaut, weil ich die Pedale verwechselte...!

Wäre man vor die Wahl gestellt, sich einen solchen Vintage Bentley anzuschaffen, müßte man sich darüber klarwerden, wozu man ihn einzusetzen gedächte. Es sind absolute Sportgeräte. Wollte man es komfortabler haben, müßte man sich für einen Wagen mit geschlossenem Aufbau entscheiden, aber die sind selten und obendrein laut; man sagt, ihre Karosserien neigten zum Dröhnen. Rückblickend ist es schade, daß der Kompressor-Bentley zu einer Zeit erschien, als luxuriöse Sechszylinder mit eleganten Metall-Karosserien gefragt waren; spartanische Vierzylinder mit lederbespanntem Holzaufbau waren Ende der zwanziger Jahre längst »out«. Auch konnten viele mit dem Bentley-Getriebe nicht umgehen, während das Schalten bei der Konkurrenz — etwa Hispano-Suiza — ein kinderleichtes Vergnügen war.

Ob 3 Liter oder 4,5 Liter Blower: Beide Fahrzeuge haben ihren eigenen Charme. Natürlich ist der 3 Liter über weitere Distanzen langsamer, aber man fährt ihn auch entspannter und weniger angestrengt. Der 4,5 Liter braucht mehr Konzentration, und von seinem

Blower Bentley in freier Landschaft. Der Sturzwinkel der vorderen Räder scheint übertrieben, ist aber so durchaus korrekt!

Leistungsplus kann man nur Gebrauch machen, wenn die Straßen frei sind und man nicht viel Rücksicht nehmen muß auf andere Verkehrsteilnehmer.

Für welchen ich mich entscheiden würde? Wahrscheinlich für den Blower Bentley, weil er geräumiger, schneller und im ganzen doch faszinierender ist. Es ist indessen fraglich, ob ich je die Chance haben würde, mir ein solches Automobil leisten zu können...

Noch ein Wort zur Anschaffung eines solchen Automobils. Es schien vor ein paar Jahren, daß die meisten Vintage-Bentleys, egal welchen Modells, in festen Händen und überhaupt nie mehr verkäuflich seien. In letzter Zeit aber sind doch sehr viele dieser Klassiker wieder auf den Markt gekommen. Renommierte Händler haben interessante Objekte im Angebot, sogar mit überlieferter Historie, ebenso kommen solche Fahrzeuge bei Versteigerungen ans Tageslicht.

Doch mit dem Boom wertvoller Oldtimer haben sich auch die Preise für Vintage-Bentleys ins Astronomische entwickelt; einen Three Litre Tourer erhält man kaum noch unter 80 000 Pfund Sterling, einen 4,5 Litre handelt man nicht unter 100 000. Kompressorwagen sind so gut wie gar nicht mehr zu haben, höchstens innerhalb eng-ster Clubkreise bekommt man da vielleicht mal einen »heißen Tip«. Einen Speed Six oder gar einen 8-Liter findet man in der Motorpresse oder auf einer Auktion schon eher, aber auch die Preise für diese Wagen sind für Normalsterbliche nicht mehr bezahlbar. Wenn es relativ preiswerte Exemplare sind, die annonciert werden, muß man auf der Hut sein, denn es sind schon Fahrzeuge aufgetaucht, die nicht nur Replica-Karosserien haben (was durchaus akzeptabel ist, sofern der Käufer darüber aufgeklärt wird), sondern auch nachgebaute Fahrgestelle. Hier ist die Grenze des Zumutbaren allerdings erreicht, zumindest bei einem wirklichen Bentley-Enthusiasten. Wer ernsthaft in Erwägung zieht, sich einen klassischen Bentley zuzulegen, tut gut daran, zuvor dem Bentley Drivers' Club beizutreten, um überhaupt Zugang zu den verschworenen Zirkeln zu erlangen; hier ist auch die Wahrscheinlichkeit größer, einen guten und vor allem einen seinen Preis werten Wagen zu finden.

BESITZERSTOLZ

Why a Bentley? Diese Frage richtete ich an Ted Parkinson. Nun, er ist Bentley-Fahrer seit jeher. »Erst hatte ich einen 8 Liter. Ich tauschte den Tourer dann gegen einen 4,5 Liter Zweisitzer ein, und jenen kürzlich gegen den 3 Liter. Der Motor des 8 Liter hätte überholt werden müssen, das wäre über meine Möglichkeiten gegangen. Und der Zweisitzer war mir zu knapp bemessen.« Tim Scott: »Ich wollte schon immer einen Bentley besitzen, hatte aber zunächst ganz andere Sorgen, als nach einem solchen Auto Ausschau zu halten. Aber ein Kompressorwagen mußte es sein! Ich forschte nach, welche der 50 noch existierten und eventuell verkäuflich waren. So kam ich an dieses Exemplar, das ich Dick Stitt in Illinois nach endlosem Verhandeln abkaufte. Ich trieb sogar einen zweiten auf, hier in England, und lasse ihn gegenwärtig bei Dick Moss überholen.« Dann kamen wir zum Grundsätzlichen. Ich ließ meine Gesprächspartner erzählen.

»Man kann sagen, daß der Bentley ein praktisches Automobil ist, anspruchslos und genügsam. Ganz im Unterschied etwa zu einem Bugatti, der spätestens alle 10 000 Kilometer eine Motorüberholung benötigt... Besonders wohl fühlt sich der Bentley in Frankreich. W. O. liebte die französischen Nationalstraßen, wie so viele englische Tourenfahrer, und der große Bentley ist wie geschaffen für lange, gerade Chausseen mit wenig Verkehr.«

Und die Nachteile? »Wenn es einen schwerwiegenden Nachteil beim Blower Bentley gibt, dann ist das sein Kraftstoffverbrauch. Bis zu 50 Liter pro 100 Kilometer bei

Volldampf voraus sind einfach untragbar. Im Rennbetrieb bei Höchstgeschwindigkeit steigt der Konsum sogar auf mehr als das Doppelte. Da ist der 3 Liter vernünftiger, sein Verbrauch liegt bei 14, maximal 16 Liter. Nur kommt man dennoch mit einer Tankfüllung nicht allzu weit, denn sie beträgt nur etwa 45 Liter, und davon sind noch 10 Liter Reserve, an die man nur durch das Umschalten eines Hebels herankommt. Eine Benzinanzeige gibt es nicht, man muß einen Meßstab in den Tankstutzen einführen. Und man tanke auf keinen Fall bleifreies Benzin, das würden die nicht gehärteten Ventilsitze nicht aushalten. Die auszuwechseln in dem nicht abnehmbaren Zylinderkopf ist übrigens eine komplizierte Angelegenheit!«

Der Blower Bentley hat einen 73-Liter-Tank und eine Benzinuhr von Hobson. Sie ist durch ein langes Rohr mit dem Reservoir verbunden und zeigt den Pegel in einem kleinen Schauglas rot an. Aber nur wenige dieser Instrumente arbeiten heute noch. Die letzten Blower Bentley hat man dann mit größeren Tanks versehen, an die 114 Liter fassend — man wußte, warum.

Fahren bei Nacht: »Beim 3 Liter sind die Smith's Scheinwerfer ein Schwachpunkt. Sie geben ein viel zu spärliches Licht, man kann mit ihnen nachts fast nichts sehen. Wesentlich besser waren einst die Scheinwerfer von Marchal, Zeiss oder Lucas.« Auch der Kompressorwagen hatte ursprünglich Scheinwerfer von Smith's, etwas größere als sie der 3 Liter aufweist, aber man hat sie 1933 gegen solche von der deutschen Firma Bosch ausgewechselt.

»Stärkere und damit hellere Scheinwerfer zu montieren, führt zu Problemen mit dem Stromhaushalt. Ich habe den 3 Liter zeitweilig mit sehr großen Zeiss-Lampen gefahren, doch am Ampèremeter konnte ich ablesen, daß der Dynamo damit überfordert war. Er lädt nur mit 8 Ampère, während die Scheinwerfer 20 aus der Batterie holen. Die wird dann schnell leer. Installiert man eine größere, wird sie auch langsamer geladen.«

Auch die Benzinförderung beim 3 Liter ist nicht ganz unproblematisch. Serienmäßig hatte der Wagen eine Autovac-Vorrichtung, die in bestimmten Intervallen Kraftstoff in einen Zusatzbehälter (durch Unterdruck aus dem Einlaßkrümmer) saugt und damit die Vergaser speist. Das funktioniert nicht immer zuverlässig, vor allem bei zunehmender Höhenlage. Wettbewerbswagen stattete man deshalb von Haus mit einer Druckpumpe aus, wie sie auch mein 3 Liter hat. Auch die Servobremse arbeitet mit diesem Unterdruck (Saugluftbremse).«

Beim Blower Bentley besorgen zwei Elektropumpen die Kraftstoff-Förderung. Sie kamen aus Amerika, Marke

Auszug aus dem Service-Handbuch für den Bentley 3 Liter, Kennzeichen YM 83: Chassis PH 1462, 1926 Speed Model. Garantie bis 10.3.1931. Vanden Plas Viersitzer. Motor PH 1459. 18-Gallonen-Tank, Autovac-Benzinförderung, Cambridge Thermometer, AT Drehzahlmesser, Federpakete umwickelt. Kipphebel Duraluminium. Ausgeliefert an C. R. Robinson. 29.7.1930: Motortuning für höhere Leistung. 8.8.1932: Vakuum-Servomotor installiert. 15.3.1934: Höchstgeschwindigkeit mit 148 km/h bei 3500/min ermittelt. Wassertemperatur 70 Grad.

Auszug aus dem Service-Handbuch für den Bentley 4,5 Liter mit Kompressor, Kennzeichen GH 1932: Chassis SM 3913, 1930 4.5 Litre s/c. Test vor Auslieferung am 21.7.1930. Garantie bis 26.7.1935. Vanden Plas Sportviersitzer. Motor SM 3916, Kompression 5,0 : 1. Hinterachse 13:46. D-Box-Getriebe 7219. Radstand 10'10". Berrys Blattfedern hinten, Woodhead vorne. B&D Reibungsstoßdämpfer. Großer Pullswell Schalldämpfer BM4092. Verstärkte Ölwanne BM4346/4. Ausgeliefert an G. B. Sanderson durch Rossleigh's, Edinburgh. 28.8.1933: Bosch-Scheinwerfer montiert.

Autopulse, und fanden auch bei den Speed Six Teamwagen Verwendung.

Beim 8 Liter Bentley nahm das Autovac-Reservoir genau 4,5 Liter auf. Der Verbrauch bewegte sich bei dem großen Motor um 35 Liter/100 Kilometer. »Er war ein gewaltiges Auto. Der 3 Liter sieht auch nicht gerade klein aus, doch mit einer Länge von nur knapp über 4 Meter und eine Breite von 1,73 kann man ihn fast kompakt nennen. Dafür ist er hoch. Aber die Maße nehmen sich gering aus, wenn der 3 Liter neben einem 6,5 oder 8 Liter steht. Deren lange Motorhaube kann einem regelrecht die Sicht nach vorn nehmen, wenn man beispielsweise eine steile Steigung nimmt.«

Autofolio

Ted Parkinson am Steuer seines 3 Liter auf der Insel Wight. Ein klassischer Anblick! Die Fahrzeug-Batterie befindet sich in einem Kasten auf dem Trittbrett. So traten die Bentleys 1926 und 1927 auch in Le Mans an, nur Frontscheibe und Benzintank waren unterschiedlich.

Wie direkt die Lenkung des 3 Liter ist, wird durch die einzige volle Lenkradumdrehung deutlich, die von Anschlag zu Anschlag reicht. Beim 4,5 Liter sind es eindreiviertel Umdrehungen. Der Wagen steht auf Dunlop-Reifen der Dimension 6.00 x 21, beim 3 Liter sind es 5.25 x 21. Früher montierte man keine Ballon-, sondern Hochdruck-Wulstreifen, mit denen das Lenken noch leichter ging — fast wie bei einem Fahrrad.«

Ist der Speed Six nicht im Sport, sondern auch auf der Straße ein Rivale zum 4,5 Liter Supercharger gewesen? »Ich habe einmal Bill Lakes Team Speed Six gefahren. Meiner Meinung nach ist er mit dem 4,5 Liter vergleichbar. Auch er hat sehr viel Dampf, man ist wirklich schnell auf 190 km/h, aber das schafft ein 4,5 mit Kompressor natürlich ebenfalls. Unschlagbar dürfte der Birkin-Monoposto gewesen sein — auf langen Geraden ging der sicher an die 240 km/h.«

Wie wird man »normalerweise« ein Bentley-Enthusiast? »Die meisten beginnen mit einem 3 Liter. Es dauert eine geraume Weile, bis sie der 4,5 Liter reizt. An dem freuen sie sich dann lange und intensiv. Schließlich möchten sie einen 6,5 Liter in die Hand bekommen. Erfahrungsgemäß ist man, wenn diese Phase erreicht ist, aber zu alt, um ein solches Auto sportlich bewegen zu können.« Die Federung? »Beim 3 Liter sehr gut. Legt man jedoch die typischen Wickelgamaschen um die

Federpakete, was früher oft üblich war, vermindert das die Flexibilität, die Federung wird härter... Man kann das natürlich als sportliches Attribut betrachten. Einer meiner Freunde pflegte seinen 4,5 Liter mit gewickelten Blattfedern in Goodwood wirklich hart zu fahren, mit dem Erfolg, daß der Wagen in engen Kurven zu seitlichen Sprüngen neigte. Damit kann man fertigwerden, vorausgesetzt, man hat seitwärts genügend Platz.«

Gibt es Ersatzteilprobleme? »Eigentlich kaum. Aber Reparaturen sind teuer. Es hat sich eine regelrechte Ersatzteilversorgung professionellen Ausmaßes um Vintage-Bentleys gebildet, die alles liefern kann, sogar einen kompletten neuen Motor. Aber bei den gegenwärtigen Preisen für Bentley-Oldtimer sind auch die Preise für Ersatzteile enorm gestiegen. Der hohe Anteil reiner Handarbeit schon bei der Herstellung dieser Fahrzeuge hatte bereits damals einen entsprechenden Zeitaufwand erfordert, das schlug sich auch stets bei Reparaturen nieder. Und man repariert an einem Bentley eher als daß man einfach Teile auswechselt wie bei einem modernen Auto. Und ein Bentley läßt sich endlos oft reparieren, ohne an Qualität zu verlieren.«

Funktionale Sachlichkeit zeichnet den Kompressor-Bentley aus. Seine Erbauer hatten ja auch nur ein Ziel vor Augen: In Le Mans zu siegen (was ihnen leider verwehrt blieb). Große Lenkräder waren üblich, sie gewährleisteten ein besseres Beherrschen des Wagens auf seinen 21-Zoll-Rädern. Die Birkin-Teamwagen wiesen Lenkräder auf, die noch um 5 cm größere Durchmesser hatten als das auf diesen Photos.

»Im allgemeinen sind aber alle Komponenten recht langlebig. Etwa das Getriebe: Es macht zwar singende Geräusche, hält indessen eine Ewigkeit. Wenn an einer Steigung aber der Gang herausspringt, muß man wohl oder übel nach den Zahnrädern sehen. Oldtimerfahrer kennen das.

Ärger kann es mit der Hinterachse geben, vor allem bei den früheren Käfigen aus Leichtmetallguß. Die späteren Käfige mit dem Vier-Sterne-Zeichen sind aus Stahl, die halten länger. Doch aufbrechen können auch sie. Man kann dem nur durch gewissenhafte Pflege entgegenwirken, indem man alle 50 000 Meilen die Dinger zerlegt und die Führungen neu ausbuchst. Beim Vier-Sterne-Käfig wäre das höchstens alle 100 000 Meilen notwendig. Übrigens muß es kein besonders gutes Zeichen sein, wenn das Differential leise läuft. Ein abgebrochener Zahn vom Tellerrad macht sich akustisch kaum bemerkbar. Erst wenn er das Gehäuse springen läßt, weiß man Bescheid...«

Der Standard 3 Liter hat ein Kegel/Tellerrad-Verhältnis von 14 zu 53. »Kein anderer Bentley hat ein Kegelrad mit gerader Anzahl von Zähnen, es sind entweder 13 oder 15. Vielleicht ist das der Grund, warum beim 3 Liter schon mal ein Zahn ausbricht?«

Wie ist das mit den Reifen? »Reifen sind heutzutage wieder leicht zu beschaffen. Aber auch sie sind teuer. Man zahlt für eine Decke ohne Schlauch gut 350 Mark. Aber was soll's — es ist der Spaß, der zählt. Man darf da keine pekuniären Maßstäbe anlegen...«

4,5 Liter Kompressor Serienwagen

Der Kompressor-Bentley basierte auf dem 4,5 Liter Standardmodell und hatte ein diesem Wagen entsprechendes Fahrgestell. Im großen und ganzen stimmten die Konstruktionen überein.
Chassis: Leiterrahmen aus mit 35 Tonnen Druck erzeugtem Preßstahl mit vier Traversen und angenieteten Verstrebungen. Radstand 3302 mm, Spur 1422 mm. Länge x Breite 4445 x 1740 mm.
Chassisgewicht: 1448 kg ohne Karosserie, 1727 kg mit offenem, 1956 kg mit geschlossenem Aufbau. Ein-

haltung der Gewichtsvorgaben waren Bedingung für die Gewährung der Fünfjahres-Garantie.
Bremsen: Mechanisch betätigte Vierradbremsen, Trommeln mit 400 mm Durchmesser.
Vorderachse: Starrachse im H-Profil aus 40-Tonnen-Ziehstahl. Einige Ausführungen mit Aufnehmungen für Wagenheber.
Hinterachse: Geschweißte Starrachse aus Preßstahl, Underslung. Untersetzung 13/46 (3,54 : 1) oder auf Wunsch 15/50 (3,33 : 1), Bauart Speed Six Four-Star.
Aufhängungen: Halbelliptik-Blattfedern, Zahl der Blätter je nach Aufbaugewicht variabel. Vorn Woodhead-, hinten

Berry-Federn. Reibungsstoßdämpfer System André.
Getriebe: D-Box mit eng abgestuften 4 Vorwärtsgängen, Rückwärtsgang. Kulissenschaltung rechts, nicht synchronisiert.
Kupplung: Einscheiben-Trockenkupplung.
Antrieb zur Hinterachse: Kardanwelle (Spicer).
Räder und Reifen: Rudge-Whitworth Drahtspeichenräder, Zentralverschluß, Dunlop 6.00 x 21.
Lenkung: Schnecke, 10,3 : 1. Gefedertes Bluemel-Lenkrad.
Kühler: Messingkühler, versilberte (auf Wunsch verchromte) Maske. Schwarz emailliertes Emblem (»Black Label«. Stärkerer Kühlerkern als beim Standard 4,5 Liter. Unten Aussparung für den Kompressor.
Motor: Vierzylinder, Kopf nicht abnehmbar. Kurbel- und Nockenwelle in je fünf Weißmetall-Lagern. Bohrung x Hub 100 x 140 mm, 4398 ccm Hubraum. Vier Ventile pro Zylinder. Motorblock und Kurbelwanne in verstärkter Ausführung. Alukolben. Verdichtung 4,5 : 1 oder 5,0 : 1. 175 PS (bhp) bei 3500/min, 82 PS (bhp) bei 3900 U/min.
Ventilsteuerung: Eine obenliegende Nockenwelle (ohc), durch senkrechte Welle angetrieben. Kipphebel aus

Duraluminium (Einlaß gegabelt, Auslaß einzeln).
Zündung und Elektrik: Bosch-Doppelzündung per Magnet FF4 oder FU48. Zündfolge 1-3-4-2. Zwei Kerzen pro Zylinder. Anlasser und Lichtmaschine von Smith's. Scheinwerfer Smith's oder Lucas wahlweise.
Instrumente: Nach Wahl. Serienmäßig Schalttafel mit eingravierter Chassisnummer, Jaeger Tachometer und Drehzahlmesser, Smith's Ampèremeter, Uhr und Öldruckanzeige sowie Kraftstoffanzeiger von Hobson (Telegauge). Größere und zusätzliche Instrumente auf Bestellung. Kühlwasserthermometer und Ladedruckmanometer nicht serienmäßig.
Kraftstoffsystem: 73-Liter-Tank im Heck, zwei Autopulse-Benzinpumpen (elektrisch). Ab Chassis MS 3941 114-Liter-Tank.
Aufladung: Amherst Villiers Kompressor Mk. IV, Modell Roots. Druck 4,3 kg bei 3500/min, 4,6 kg bei 3900 (Birkin-Teamwagen bis 5,5 kg). Drei Überdruck-Rückschlagventile. Glattes Gehäuse SM 3901 bis 3925, verripptes Gehäuse MS 3926 bis 3950.

So sieht es unter dem Heck des Blower Bentley aus, wenn er auf der Hebebühne steht. Der Kasten beherbergt die Batterie. Bei früheren Fahrzeugen pflegte man sie auf dem Trittbrett unterzubringen, was durchaus nicht immer im Interesse der Karosseriehersteller war; nur selten verlegten sie die Position in eigener Regie ins Wageninnere. Erst ab 1929 wanderte beim Bentley die Batterie in den Chassisbereich wie hier ersichtlich.

Birkin Wettbewerbswagen

Sie entsprachen den Serienfahrzeugen von Bentley Motors, wiesen aber 200-Liter-Tanks auf, Steinschlaggitter vor dem Kompressor und den Scheinwerfern (statt der Alu-Abdeckung vor dem Lader), einen Öltank vor der Spritzwand und andere rennmäßig bedingte Details.

Rechts: Die massive Scheibenkupplung beim Kompressor-Wagen. Zwar gab es schon Motoren mit angeflanschtem Getriebe, doch bei Bentley bevorzugte man getrennte Baugruppen, verbunden durch eine kurze Welle mit Hardyscheibe. Rechts die Umhüllung für die Tachowelle.

Die Ölwanne von der Seite. In späteren Jahren stellte man sie bei Bentley aus Magnesiumguß her. Leider ist dieses leichte und stabile Material sehr viel korrosionsanfälliger als Aluminium.

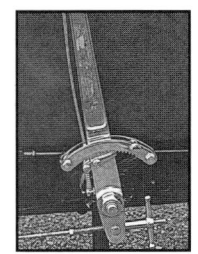

Kupplung und Getriebe beim Kompressor-Bentley. Es handelt sich um eine D-Box mit engerer Gang-Abstufung. Die Pedalwelle ist in einem Block aus Leicht-Metall gelagert, der am Chassis-rahmen sitzt.

Man erkennt den Chassisholm mit der Federhängung und die um-mantelten Blattfedern. Der Rahmen war aber ebenfalls flexibel und hatte federnde Eigenschaften. Vor dem Rei-bungsdämpfer sieht man das Einfüll-rohr des Tankstutzens, das nach oben führt.

Steckbriefe der 50 Kompressor-Bentleys 1929-31

Chassisnummern SM 3901 bis SM 3925

SM 3901 SM 3906 (GF 776), April 1930. VdP 4-sitzig. Sir D. Lewis
Verchromter Kühler, größerer Schalldämpfer, Auspuff-Endrohr vom 8 Liter (22.1.1931) und Le-Mans-Tank (9.1.1933). Vermutlich zerlegt und Teile für andere Wagen verwendet.

SM 3902 SM 3905 (PO 3265). Dezember 1930. F&W Limousine.
Miss E. M. Unwin
Grauer zweitüriger Aufbau. Lenkrad vom 6,5 Liter. Gaspedal wie in Rennfahrzeugen. 90-Liter-Tank (7.10.1931). Motor-Show-Wagen von Freestone & Webb 1929. Heute mit VdP-Replica-Aufbau in Australien.

SM 3903 SM 3907 (UW 3761). Oktober 1929. VdP 4-sitzig.
J. Weston Adamson
Vorführwagen. Getriebe auf Mittelschaltung umgebaut (12.2.1932). Bentley Motors Ausstellungswagen auf der Motor Show 1929. Von Australien nach Großbritannien reimportiert. Schaltung wieder nach rechts verlegt.

SM 3904 SM 3908 (PL 1150). Juli 1930. VdP 4-sitzig.
J. S. Hindmarsh
51-cm-Lenkrad. Als Unfallwagen weiterverkauft an BM Ltd. (29.8.1932), neu aufgebaut mit Motor 3904 (ohne Kompressor). Neue Corsica-Karosserie. Heute in Schweden.

SM 3905 SM 3904 (EU 919). April 1930. MTR Coupé.
Capt. d'Arcy Hall
Größerer Tourenzähler/Jaeger (21.6.1930). Später zum Cabriolet, dann von Elmdown zum Le-Mans-Replica umgebaut. Nach USA verkauft (Klein Collection); heute in Schweden.

SM 3906 SM 3912 (GH 1808). Juli 1930. GN Cabriolet.
H. N. Holder
Blanke Teile verchromt, modifizierte Auspuffanlage. Backen der Hand- und Fußbremse (hinten) gekoppelt. Verlängerte Lenksäule, 51-cm-Lenkrad, Kühler-Schnellverschluß. Le-Mans-Gaspedal (5.4.1933). 135 kg

Ballast im Heck (2.1.1934). Teilnehmer Rallye Monte-Carlo. Später VdP-Karosserie, 4-sitzig. Heute in den USA.

SM 3907 SM 3909 (GK 8445). Juni 1930. VdP 4-sitzig.
G. T. Richards
Grebel Suchscheinwerfer (16.3.1931). Zwischenstück Block/Kurbelgehäuse zur Kompressionsverminderung an den Eigner nach Griechenland geschickt (14.5.1931). 1939 nach Australien verbracht, dort als VdP Tourer durch Ward neu karossiert.

SM 3908 SM 3911 (GF 7875). Mai 1930. VdP 4-sitzig.
Capt. Wyndham
15/50 Hinterachse. 1948 Kompressor entfernt, Limousinen-Karosserie aufgesetzt. Heute mit Originalaufbau und Kompressor im Caister Motor Museum, GB.

SM 3909 SM 3910 (GK 6661). Juli 1930. GN Zweisitzer.
Woolf Barnato
Blanke Teile verchromt, größerer Schalldämpfer, neuer (verrippter) Kompressor eingebaut (11.2.1931). Motor für Bergrennen präpariert. Le-Mans-Gaspedal (31.3.1931). Hinterachse 4,58 : 1 (7.7.1931). Original-Hinterachse 3,54 : 1 wieder eingesetzt (11.9.1931). Heute in den USA.

SM 3910 SM 3913 (GH 2830). Juli 1930. VdP 4-sitzig.
J. W. Lewis
Größerer Schalldämpfer, Bereifung 33 x 6.00. Kompressor demontiert. Heute in den USA.

SM 3911 SM 3914 (DV 7611). Dezember 1930. MTR Coupè.
H. F. W. Prince
Über Maythorn & Sons 1937 als Secondhand-Wagen verkauft. Nach Unfall (17.8.1937) zerlegt und als Tourer neu aufgebaut. Nach neuerlichem Auffahrunfall vermutlich nicht wieder aufgebaut.

SM 3912 SM 3915 (GH 21). August 1930. PH Zweisitzer.
Brougham & Vaux
Verstärkte Ölwanne, blanke Teile verchromt. Ohne Motorhaube ausgeliefert. Verlängerte Lenksäule, großer Schalldämpfer. Nach Unfallschaden (21.5.1935) Chassis überholt mit neuer Hinterachse und neuem Tank. Zwei neue Zeiss-Scheinwerfer montiert. Seit 1939 verschollen.

SM 3913 SM 3916 (GH 1932). Juli 1930. VdP 4-sitzig.
G. B. Sanderson
Verstärkte Ölwanne, großer Pullswell-Schalldämpfer, Leichtmetall-Differentialgehäuse. Nach Unfallschaden (25.1.1933) Chassis neu aufgebaut, neue Vorderachse montiert. Bosch-Scheinwerfer (28.8.1933), 114-Liter-Tank (19.3.36).

SM 3914 SM 3917 (GK 3840). Oktober 1930. VdP Coupé.
J. Howarth
Geänderte Tachometer-Antriebsübersetzung (4 % Vorlauf). Blanke Teile verchromt. Ausstellungswagen Vanden Plas auf der Motor Show 1930. Kennzeichen in SG 1 geändert, dann in DS 2123. Instandsetzung nach Unfall (19.12.1934) mit neuer Hinterachse. Später neue VdP Le-Mans-Replica-Karosserie, Chassis auf 2956 mm Radstand verkürzt. Heute in Skandinavien.

SM 3915 SM 3919. Oktober 1930. GN 2/3-sitzig wie SM 3909.
E. Hertzberger
Geliefert in die Niederlande. Blanke Teile verchromt, großer Pullswell-Schalldämpfer. Bremsausgleich an den Käufer verschickt (14.9.1931). Lenkrad eines 6,5 Liter geliefert (26.9.1931). Bremsausgleich für Renneinsatz verschickt. 1935 als Schrott zurückgekauft.

SM 3916 SM 3922 (GK 8443). Oktober 1930. GN 2/3-sitzig wie SM 3909.
S. B. Peck
Blanke Teile verchromt, großer Pullswell-Schalldämpfer. Bosch-Scheinwerfer montiert (25.9.1935). Heute in den USA.

SM 3917 MS 3933 (GH 6951). August 1930. VdP 4-sitzig.
P. Chandler.
Vorführwagen. Blanke Teile verchromt, großer Schalldämpfer. Im Besitz des jetzigen Eigners seit 1940. In GB.

SM 3918 SM 3920 (GK 150). September 1930. VdP 4-sitzig.
T. Heaton.
Chassis nach Le-Mans-Spezifikation mit höherer Verdichtung. 190-Liter-Tank. Alle Schrauben versplintet. Heute in GB.

SM 3919 SM 3923 (GX 8727). März 1931. GN 4-sitzig.
Duke of Leinster
Blanke Teile verchromt, großer Pullswell-Schalldämpfer. 1932 verkauft. Generalüberholung durch Dick Moss. Heute in Schweden.

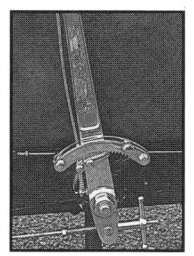

SM 3920 SM 3924 (GK 3841). November 1930. VdP 4-sitzig.
R. Kershaw.
Ausstellungswagen Bentley Motors auf der Motor Show. Blanke Teile verchromt, Bereifung 33 x 6.00. 5-Bürsten-Dynamo, Bosch-Doppelhörner (17.12.30). Heute in der Schweiz.

SM 3921 SM 3918 (VM 404). Juni 1931. F&W Limousine.
W. Proctor-Smith
Aufbau nach Weymann-Patenten, Ausstellungswagen. Blanke Teile verchromt. Später wurde das Fahrzeug zerlegt, den Rahmen hat heute der Wagen SM 3930.

SM 3922 MS 3926 (GK 8837). November 1930. VdP 4-sitzig.
E. Leigh
Vorführwagen. Nach Unfall (31.3.1931) instandgesetzt und neue Vorderachse eingebaut. Kompressorgehäuse ausgetauscht (5.3.1932). In GB später neues Kennzeichen erhalten: BD 40.

SM 3923 SM 3925 (KR 7989). Dezember 1930. VdP 4-sitzig.
T. M. Best Dalison
RT-Schalldämpfer, modifizierte Auspuffanlage. André-Stoßdämpfer mit Ferneinstellung. Blanke Teile verchromt. Noch in GB.

SM 3924 MS 3927 (GO 2641). Januar 1931. VdP Cabriolet.
G. C. Heywood
Neues Lenkrad montiert (7.7.1932). Chassis später auf 3302 mm Radstand verkürzt, Le-Mans-Replica-Karosserie aufgesetzt. Zeitweilig in den USA (Harrah Collection).

SM 3925 MS 3928 (GW 2222). Juni 1931.
F&W Limousine.
T. Byron
Aufbau nach Weymann-Patenten. Vorführwagen bei Jack Barclay's. Lucas P 100 Scheinwerfer montiert (22.2.1933). Nach Unfall (24.6.1935) wieder aufgebaut und mit neuer Vorderachse versehen. D-Box-Getriebe überholt (8.11.1938). Motor heute in einem 3-Liter eingebaut.

Chassisnummern MS 3926 bis MS 3950

MS 3926 MS 3929 (GO 1400). April 1931. VdP 4-sitzig.
T. G. Moore
Blanke Teile verchromt. Nach Unfall (1.12.1931) instandgesetzt, neue Vorderachse. Brandschaden (15.6.1932). Auf der Isle of Man mit neuem Kennzeichen GMN 578. Heute in den USA.

MS 3927 MS 3930 (GP 1993). April 1931. VdP 4-sitzig.
O. D. Winterbottom
Blanke Teile verchromt. Vorführwagen. Heute in den USA.

MS 3928 MS 3921 (FG 6667). März 1931. GN Cabriolet.
Gordon Black
Blanke Teile verchromt. Neuer Tachometerantrieb montiert. Als Le-Mans-Replica neu aufgebaut. Heute in den USA.

MS 3929 MS 3932 (JB 1850). 1933. VdP 4-sitzig.
A. Ansell.
Wurde bei Vanden Plas eingelagert und erst 1933 weiterverkauft. Heute in den USA.

MS 3930 MS 3935 (YY 3692). April 1931. VdP 4-sitzig.
W. Esplen.
Vorführwagen. Nach Unfall (4.6.1936) Chassis und Vorderachse instandgesetzt, neue Hinterachse eingebaut. Zum Le-Mans-Replica umgebaut.

MS 3931 MS 3931 (FS 1179). Mai 1931. GN Cabriolet.
James F. Bryson
Blanke Teile verchromt. Aufbau nach Weymann-Patenten. Motor bei Bowlers of Alperton im August 1936 gegen Standard-4,5-Liter ausgewechselt MR 3391. Neues Kennzeichen AGH 10, dann UW 6441. Seit 1956 Verbleib unbekannt.

MS 3932 MS 3936 (GN 6087). Mai 1931. VdP 4-sitzig.
B. W. Preston
Durch Barclay's verkauft oder eingetauscht. Blanke Teile verchromt, geänderter Tachometerantrieb. Lenkrad vom 6,5 Liter (11.1.1931). Chassis instandgesetzt nach Unfall (27.2.1933). Lenksäule um 7,5 cm verlängert (30.4.1936). Originalmotor wurde später im Barnato-Hassan Special installiert. 1989 wurde der Wagen neu aufgebaut.

MS 3933 MS 3934 (GX 8870). Juni 1931. VdP 4-sitzig.
Woolf Barnato
Blanke Teile verchromt. Geändertes Hinterachsgehäuse. Heute in den USA.

MS 3934 MS 3937 (GY 3904). Mai 1931. VdP 4-sitzig.
W. R. Handley
Blanke Teile verchromt. Geändertes Hinterachsgehäuse. Tachometerantrieb geändert. Zwischenzeitlich mit 6,5-Liter-Motor versehen, jetzt wieder mit Originalmotor. Chassis auf 3302 mm Radstand verkürzt. Le-Mans-Replica.

MS 3935 MS 3938 (GK 8449). Januar 1931.
VdP 4-sitzig.
Hubert Mason
Blanke Teile verchromt. Geändertes Hinterachsgehäuse, geänderte Auspuffanlage. Chassis und Vorderachse nach Unfall (30.5.1933) instandgesetzt. Wurde 1989 restauriert.

MS 3936 MS 3939 (GP 1630). Juni 1931. LD Coupé.
I. W. Birts
Viersitziges Coupé, alle blanken Teile verchromt. Geänderter Tachometerantrieb. Von Elmdown als Le-Mans-Replica umgerüstet. Befindet sich in GB.

MS 3937 MS 3942 (GP 42). Juli 1931. VdP 4-sitzig.
C. J. L. Langlands
Chassis nach Le-Mans-Spezifikation. Blanke Teile verchromt, Smith's Thermometer, Kompressor-Manometer. Von Amherst Villiers erworben. Heute in den USA.

MS 3938 MS 3940 (GT 8771). September 1931.
MFR 4-sitzig.
J. R. Quayle.
Blanke Teile verchromt. Bentley & Draper Reibungs- und Hydraulik-Stoßdämpfer. Später mit Vanden-Plas-Karosserie versehen, neues Kennzeichen AW 2.

MS 3939 MS 3945 (MV 297). September 1931.
VdP 4-sitzig.
H. Olswang
Modifizierte Auspuffanlage, Thermometer, Steinschlag-gitter. Nach Südafrika exportiert. Tödlicher Unfall des Be-sitzers 1931. Neuaufbau mit Karosserie vom Ford A (1940), inzwischen als Vanden Plas Tourer restauriert. Noch in Südafrika.

MS 3940 MS 3943 (JO 732). November 1930.
GN 4-sitzig.
Maharadschah von Indore
Blanke Teile verchromt. Nach Indien exportiert. Zerlegt und Motor in ein Rennboot installiert, das im Hafen von Bombay sank.

MS 3941 MS 3944 (GN 6090). Mai 1931. VdP 4-sitzig.
Miss N. McCaw
Blanke Teile verchromt. Geändertes Hinterachsgehäuse. Heute in einem Museum in den USA.

MS 3942 MS 3946 (GT 8774). Juli 1931. VdP 4-sitzig.
D. L. Baker
Blanke Teile verchromt. Cambridge Thermometer und großer Tourenzähler (3.2.1933). 1946 Chassis auf Rad-stand 3302 mm verkürzt und als Le-Mans-Replica neu aufgebaut. Heute in den USA.

MS 3943 MS 3947 (GX 555). September 1931.
VdP Cabriolet.
W. T. Willmot
200-Liter-Benzintank und Pullswell-Schalldämpfer. Heute in Schweden.

MS 3944 MS 3941 (UR 6572). Juli 1931. VdP 4-sitzig.
H. Leeson
Le-Mans-Spezifikation. Großer Tourenzähler, zusätzliche Hydraulik-Stoßdämpfer von Bentley & Draper hinten. 200-Liter-Benzintank. 1938 von Johnson zum Zweisitzer umgebaut. Heute in den USA.

MS 3945 MS 3950 (GY 4300). August 1931. VdP Cabrio.
L. S. Carlyle
Blanke Teile verchromt. Großer Tourenzähler und Pullswell-Tourenzähler. Vermutlich zerlegt, Teile in ande-ren Fahrzeugen.

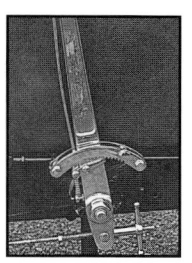

MS 3946 MS 3948 (GY 3905). August 1931. VdP Cabrio.
Major C. L. Y. Parker
Sportsman's Coupé, schwarz mit grauen Lederpolstern. Bosch Scheinwerfer montiert (24.1.1933), neue Hinter-achse 15/46 (5.4.1938). Von Elmdown auf 3302 mm Rad-stand verkürzt und als Le-Mans-Replica aufgebaut. Heute im National Motor Museum, GB.

MS 3947 MS 3952 (GX 6170). September 1931.
VdP Cabriolet.
G. Beeby
Kompressor entfernt (10.2.1933), zum Standard 4,5 Liter umgerüstet. Neuer Einlaßkrümmer und SU-Vergaser. Von Elmdown zum Le-Mans-Replica mit einem Ex-Birkin-Kompressor umgebaut.

MS 3948 MS 3951 (GY 7847). September 1931.
VdP Cabriolet.
E. G. Titley
Blanke Teile verchromt, Tourenzähler, Pullswell-Schalldämpfer. Neuer Jaeger-Tourenzähler (15.6.1934). Von Robinson im Vanden-Plas-Stil neu aufgebaut.

MS 3949 MS 3949 (DS 240). September 1931.
VdP Cabriolet,
J. H. Vander Heyde
1933 in die Niederlande exportiert, 1935 nach GB zu-rückgekehrt. Neues Kennzeichen BGH 55. Von Nayland zum Zweisitzer, dann von Elmdown zum Le-Mans-Replica umgebaut.

MS 3950 MS 3953 (GY 7846). September 1931.
VdP Cabriolet.
A. Storkey
Kompressor demontiert (24.8.1933), zum Standard 4,5 Liter umgerüstet. Später mit Kompressor zum Le-Mans-Replica modifiziert. Heute in Schweden.

Anmerkungen

Die erste Chiffre nennt die Chassisnummer, die zweite die Motornummer. In Klammern das englische Kenn-zeichen, danach folgt das Datum der Auslieferung und der Name des Erstbesitzers. Die meisten Angaben ent-stammen den »Service Records« des Werks.
Die Abkürzungen der Karosseriehersteller bedeuten:

F&W	Freestone & Webb	MTR	Maythorn
GN	Gurney Nutting	PH	Phillips
LD	Lancefield	VdP	Vanden Plas
MFR	Mayfair		

Zu den Photos

Zwei Tage lang bei kühlem Novemberwetter auf der Insel Wight eine Photo-Session mitzumachen, ist nicht unbedingt ein Vergnügen. Ich rechne es Ted Parkinson und Tim Scott hoch an, daß sie sich bereit erklärten, mir und Michael Hay auf die Insel zu folgen und ihre wertvollen Wagen mitzubringen. Alan Parker und Chris Hynes bin ich ebenso verbunden, weil wir auf ihren Grundstücken Aufnahmen machen durften, und ebenso hilfreich waren Terry Hastings von der Isle of Wight Railway und John Paton vom Carisbrooke Castle.

Stanley Mann und Michael Brisby schulde ich Dank, daß sie mir den Birkin Replica zur Verfügung stellten, den ich im Garten der Haberdashers Aske's School und auf dem Elstree Aerodrome photographieren durfte.

Sarah Ward assistierte mir dabei. Unterstützt hat mich auch das Haus Coys of Kensington, wo Harry Booths Blower Bentley beherbergt wurde. Photogene Schiebehilfe ließen uns die Damen Lara und Dorothy angedeihen. Thank you, too!

Für die Profis: Photographiert habe ich auf Kodachrome 25, 64 und 200 ASA sowie auf Kodak T-MAX, TMX und TMY 35 und 120 mm. Für die Kleinbildaufnahmen benutzte ich zwei Leicas mit Objektiven 16 bis 560 mm, für das Mittelformat eine Hasselblad 38 bis 150 mm. Und mein Kater heißt Boris.

David Sparrow